任务群视域下的
小学语文课例一线研修

王林波老师和教研员李斩棘
这样研讨课例

王林波 李斩棘 著

济南出版社

图书在版编目（CIP）数据

任务群视域下的小学语文课例一线研修 / 王林波，李斩棘著 .—济南：济南出版社 , 2023.10（2024.2 重印）
ISBN 978-7-5488-5922-2

Ⅰ.①任… Ⅱ.①王…②李… Ⅲ.①小学语文课—教学研究 Ⅳ.① G623.202

中国国家版本馆 CIP 数据核字 (2023) 第 192617 号

任务群视域下的小学语文课例一线研修
RENWUQUN SHIYU XIA DE XIAOXUE YUWEN KELI YIXIAN YANXIU
王林波 李斩棘 著

出 版 人 谢金岭
责任编辑 张慧泉 高茜茜
装帧设计 李 一

出版发行 济南出版社
地 址 山东省济南市二环南路 1 号（250002）
总 编 室 0531-86131715
印 刷 济南万方盛景印刷有限公司
版 次 2023 年 10 月第 1 版
印 次 2024 年 2 月第 2 次印刷
开 本 170 mm×240 mm 16 开
印 张 15.25
字 数 225 千字
书 号 ISBN 978-7-5488-5922-2
定 价 58.00 元

如有印装质量问题 请与出版社出版部联系调换
电话：0531-86131716

自　序

在实践中探寻可行的路径

有朋友曾对我说："在课堂上，你的眼里是放光的，是神采奕奕的。"确实，对于课堂的热爱，我是发自内心的，无论多么疲累，一旦走进课堂，就立刻来了精神。

在我看来，课堂很治愈，所有的疲惫与烦恼，都会在这里消失；在我看来，课堂是个能量场，走进课堂，就会获取无限的能量，并能持续很久。

热爱课堂，喜欢教学，不断实践，让我收获了很多。2017年秋季，统编教材开始试行，我便开始了课堂实践，在教学实践中，我不断探索有效的方法。2021年，我先后出版了《听王林波老师上统编语文课》和《统编教材，这样教更有效》两本书，向老师们介绍了该怎样进行统编教材的教学，深受一线教师的喜爱。

2022年4月，《义务教育语文课程标准》发布，学习任务群的出现带给了小学语文教学全新的理念，同时，也带给一线教师极大的挑战，甚至有骨干教师感慨：用了五年的时间，终于搞清了统编教材的教法，现在，任务群来了，自己又不会教了。这还是资深的一线教师，那些刚刚踏上工作岗位的青年教师更是一头雾水，偏远地区的一线教师也深感困惑，不知如何是好。

确实如此，学习任务群该如何落地不是一件简单的事情。尽管，从2022年6月起，我们就看到了不同出版社、不同专家编写的近十个版本的课标解读和教学指导类的书籍，但是，仔细阅读，我们会发现，不同专家的解读似乎也不尽相同。读了第一本，好像有了点头绪，但读了第二本、第三本，却发现出现了矛盾：这一课在前一本书中是用实用性阅读与交流的学习任务群来组织教学的，但这一本中却在用文学阅读与创意表达的学习任务群组织教学，到底应该怎么归属？应该怎样进行有效的教学？阅读某些解读，我们常常会深感自责：为什么案例中的学生那么能干？同样是二年级的学生，自己班上的孩子还在因为座位超过了"线"的问题找老师告状，可是，案例中的孩子却已经在组长的分工下合作搭建帐篷，进行探究学习了；同样是老师，自己要想组织一次外出活动，几乎不太可能，即便是学校进行组织，也需要多方协调，安排车辆、协调人员、上报方案等事宜没有一两周是完成不了的，但案例中的老师却可以说走就走，多么潇洒，真令人羡慕！

一线教师需要的，一定不是那些看起来很美的案例故事，而是拿来就能用的具有可行性的实操方法。我想，在更多的一线教师还没有找到理论与实践之间的融合点时，在青年教师还有些困惑，有些手足无措的时候，我们能否通过一节节课的实践探索，找到统编教材与学习任务群之间的融合点，为一线的青年教师做出最直观的示范，帮助老师们上出既能体现任务群特征，又能够凸显统编教材特点的课来。

于是，在经历了四个多月对新颁布的《义务教育语文课程标准》的研读，在阅读了市面上能看到的所有课程标准解读类的书籍后，2022年9月，我开始了课堂实践的探索，力求在课堂实践中找到新课标学习任务群与统编教材的融合点，找到既能体现全新教学理念，又能凸显统编教材编写特点的实操方法。半年多的时间，我上过五六十节公开课，涉及小学的三个学段六个年级，包含三个类型的六大学习任务群。其中的不少课不仅录制了视频，在各大平台和各类线上活动中推出了，而且在线下活动中，也备受老师们的喜爱。我想，只有经历了课堂实践，我们才有发言权；只有学生们喜爱的，老师们欢迎的，并且体现着学习任务群特点的统编教材的课才能带给一线青年教师最切实的帮助。

2023 年 3 月 3 日，《中国教育报》刊发了陈先云先生的一篇文章《用好教材依然是语文教学当务之急》，这篇文章引起了不小的反响。文中写道："当前讨论小学语文教育教学改革问题，依然有必要强调教材的基础性作用，还要继续基于教材的话语体系开展语文教学活动，这样做语文教学才不会乱了方寸，才能从根本上避免语文学科核心素养中'语言运用'训练的系统性遭到破坏，避免语文基本功训练落空。"

陈先云先生说得很对，当前一线教师必须基于统编教材开展语文教学活动。他还强调："不要轻易改变教材单元体系结构，随意调整、打乱教材课文编排顺序，损害教材的整体性、关联性、发展性等。"可见，进行学习任务群视域下的小学语文单篇教学探索是非常有必要的。

看来，我这半年多的实践是非常有意义的。一线的青年教师阅读这些课例，一定会得到不少启示，如果在阅读的基础上带进自己的课堂进行实践，收获会更大。但知其然重要，知其所以然更加重要。知其所以然，才有可能融会贯通，举一反三。为了让一线的青年教师收获更大，我想，得有人剖析这些课例背后的设计意图，帮助老师们理解得更加透彻。

我想到了河南的李斩棘老师，她是我的好友，相识至今，已有十多年了，我们有过很多的合作，而且非常默契，我想，她是懂我的课的。李老师曾经是商丘市的语文教研员，后来做过学校的校长、书记，她一直关注语文教学，研究语文教学，除了听评课，她还时常进行课堂教学的实践，她是最懂一线教师需求的，她来点评，最合适不过了。她一定会用一线青年教师最容易领会的言语方式来表达，一定会提炼出最能带给一线教师启示的操作方法来。我把这个想法跟李老师进行了沟通，我们确实非常默契，一拍即合。

而今，这本书即将出版了，我非常期待，一方面，期待这本书能够带给一线青年教师一些启示，让他们从中学到学习任务群与统编教材融合的课堂实操方法；另一方面，我也期待得到大家的意见和建议，毕竟，用统编教材怎样教才能更好地体现学习任务群的教学理念，我们每个人都处于摸索的阶段，都是一个学习实践的探索者，只有多一些交流研讨，我们才能一同成长。

我期待大家的建议。

王林波

2023 年 5 月

目录

第一辑

语言文字积累与梳理

学习任务群的教学

丰富词汇积累　形成良好语感

——《一匹出色的马》教学实录

（统编版小学语文教材二年级下册）

📋 教学过程

任务一：在猜谜中识字，掌握"匹"字写法

师：同学们，上课前，我们先来猜两个谜语，第一个——

> **｜ 课件出示 ｜**
>
> 头戴尖角帽，拉车又耕田。
> 干活没怨言，就是有些慢。

生：我猜是马。

生：不对，拉车又耕田的应该是牛。

生：我的老家是小马耕田。

师：我们来揭示谜底——

（课件出示牛的图片）

师：谜底是牛。看着这幅图，你可以说"一（　　）牛"？

生：一头牛。

师：是啊，牛是很勤劳的，它爱耕田，默默付出，从不抱怨。我们再来猜一个谜语——

| 课件出示 |

尾巴长，鬃毛飘，会拉车，能奔跑。

四个蹄子嗒嗒响，帮助人们立功劳。

生：这次谜底是马，因为四个蹄子嗒嗒响。

生：对，我从尾巴长、鬃毛飘就能看出来。

师：我们来揭示谜底——

（课件出示马的图片）

师：刚刚我们说的是一头牛，现在是马，可以怎么说？

生：一匹马。

师：非常好！大家看老师怎样来写"匹"字。我们先写一横，再写撇和竖弯钩，最后来写竖折，注意折笔要长一些。大家也试着写一写，注意把笔顺写正确，把字写规范。

（学生练习书写）

师：有没有哪位同学是骑过马的？当时是什么感觉？

生：马跑得很快，不过有些颠。

生：我也骑过，马跑起来，很快，比我们走路快多了，我的耳边都能感觉到风。

师：大家觉得一匹出色的马应该是什么样的？

生：出色的马毛色要好，要漂亮，还要很健壮。

生：应该还跑得很快。

师：我们今天就要学习一篇课文，大家一起读课题——

生（齐）：一匹出色的马。

【上课伊始，教师通过猜谜语激发学生的学习兴趣，复习量词的使用，自然而然地指导"匹"字的书写，交流骑马感受，为本课教学做好铺垫。】

任务二：梳理相关词汇，丰富语言积累

活动一：初读感知，积累数量词词串

师：刚才同学们说一匹出色的马不仅要长得漂亮、健壮，还得跑得快，课文中这匹出色的马到底什么样呢？我们打开课本读一读，看一看啊。请同学们注意把字音读准，把句子读流利，看看我们想象的马跟课文中的是不是一个样子。

（学生自由读课文）

师：这匹出色的马跟你想象中的马一样吗？马是会嗒嗒嗒地跑的，课文中写的马是什么？

生：课文中这匹出色的马是一枝又细又长的柳条。

师：啊，原来是这样啊！同学们很会读书，获取了相关的信息，很好。我们一起来读读这两个词串——

| 课件出示 |

一匹出色的马 一根又长又细的枝条

（学生齐读）

师：同学们，大家在课文中有没有找到像这样的词串？谁有发现，可以分享给大家。

生：一片柔软的绿毯，一条小河。

生：一个春天的傍晚，一株柳树。

师：非常好，我们合作着读一读。

师：一片——

生：柔软的绿毯。

师：一条——

生：小河。

师：一个——

生：春天的傍晚。

师：一株——

生：柳树。

师：大家一起来读一遍吧，我们把刚刚的两个词串也加上。

（学生齐读六个词串，感受数量词的准确搭配，积累语言）

5

活动二：学用结合，丰富四字词积累

师：同学们，我们继续认读词语，谁来试试？

| 课件出示 |

碧绿碧绿　层层波纹　葱葱绿绿　蹦蹦跳跳　异常美丽　恋恋不舍

（教师指名读，然后让学生齐读这些词语）

师：大家读得很好，这些词语也都值得我们积累下来。大家可以相互读一读，记一记。

（学生互相读，积累词语）

师：我来考一考大家，如果要形容绿色，我们可以用哪个词？

生：碧绿碧绿。

师：还可以用哪个？

生：葱葱绿绿。

【初读课文，整体感知，教师给出指向明确的问题，让学生感知课文中的"马"是什么，并获取相关信息，培养了学生提取信息的能力。词串的学习既让学生学会积累和运用词语，又为后续的学习打下基础，可谓环环相扣。】

任务三：多种方式朗读，形成良好语言能力

活动一：运用多种方式，理解词语意思

师：这六个词语中，有一个不太好理解，大家猜猜我要说的是哪个词语。

生：恋恋不舍。

师：是的，这个词真的不好理解，怎么办呢？我们把它放到句子中来。我请一位同学把这两个句子读一读，看看联系句子，大家能不能理解。

| 课件出示 |

　　春天的郊外，景色异常美丽。我们一边看，一边走，路已经走了不少，却还恋恋不舍，不想回去。

（指名读句子，其他学生思考"恋恋不舍"的意思）

师：联系上下文是理解词语非常有效的方法，读了句子，谁知道"恋恋不舍"的意思了？

生：我认为是因留恋某种东西而不舍得离开。

师：非常好，谁有过恋恋不舍的感觉？

生：有一次，我和父母出去玩，在游乐场玩得很高兴，都不想回家了，那时就是恋恋不舍。

生：我和表弟在游乐园一直玩了 8 个小时，中间都没有吃东西，后来游乐园要关门了，我们才不得不回家，那也是恋恋不舍。

师：大家看，联系上下文，我们就理解了"恋恋不舍"的意思，非常好。以后遇到不理解的词语，我们就可以尝试着通过联系上下文的方式来理解。同学们注意"恋恋不舍"的这个"恋"字，下面是——

生：心字底。

师：是啊，恋恋不舍就是你的心里很不愿意离开。看老师来写这个"恋"字，第二笔横要长一些，然后写两个小短竖，再写两边的点，从中间到两边来写。下面的心字底要注意写好卧钩，最后一笔点在钩的右上方。大家也来练习练习吧。

（学生练习书写，教师点评）

师：我们再读读这句话，读出恋恋不舍的感觉来。

（学生朗读，教师指导）

师：大家知道作者为什么恋恋不舍吗？

生：因为春天的郊外有异常美丽的景色，所以恋恋不舍。

师：原来后面的恋恋不舍和前面的美丽景色是有关系的。"我们"恋恋不舍，是因为——

生（齐）：春天的郊外，景色异常美丽。

师：因为春天的郊外，景色异常美丽，所以——

生（齐）：恋恋不舍。

师：同学们，景色异常美丽，还可以怎么说？

生：非常美丽。

生：超级美丽。

生：十分美丽。

生：特别美丽。

师：大家通过换词就理解了"异常美丽"，下面我请一位同学借助朗读，来让我们感受一下这异常美丽的景色，大家先练习练习吧。

（学生练习朗读后教师指名读）

师：表扬这位同学，朗读得很好！他是有方法的，你看他先是闭上眼睛想象，想到了那样的景色后再读，大家也可以这样试一试。

（教师指名多人读，然后让学生齐读句子）

师：同学们，这句话中的"景"是本课的生字，跟老师来写一写，上面是一个"日"，书写时要注意什么？

生："日"要扁一些。

师：对，看老师写。下面的"京"字横要长一些。大家也练习练习吧。

（学生练习书写后教师点评）

【低年级阶段，字词教学是教学的重点。王老师引导学生从词串开始学习词语，对词语的理解则借助课文结合语境来理解，这些都是符合学生的认知规律的。尤其是换词的学习活动，既训练了学生口语表达能力，又进行了语言文字的训练，同时达到学以致用的目的。更可贵的是，王老师在字词的书写指导和练习上给予了学生一定的时间。】

活动二：想象画面朗读，感受景色之美

师：这里异常美丽的景色是怎样的呢？让人恋恋不舍的景色到底有多美呢？我们来读一读课文第1、2自然段，勾画出相关的句子来。

（学生自由读第1、2自然段）

师：春天哪儿的景色异常美丽？

生：河水。课文中写道："河水碧绿碧绿的，微风吹过，泛起层层波纹。"

师：前面的那位同学给我们做了很好的示范，朗读之前要先闭上眼睛想象一下画面，这样就能读得更好了。读这样的句子，不仅需要用眼睛去看，还需要用心去感受。说说看，你看到了怎样的景象，有什么样的感觉。

生：河水很绿，像一面镜子一样。

生：水面上还有倒映在水中的蓝天、白云。

师：是这张图片的感觉吗？

（课件出示蓝天、白云倒映在水中的图片）

生：不是，上面还有波纹呢，微风吹过，波光粼粼的，很漂亮。

师：波纹大家都见过吧？波纹的"波"，也是波浪的"波"，左边是三点水，右边是一个"皮"字。"纹"是绞丝旁，书写的时候要注意写好两个撇折，第三笔提要由重到轻来写；右边的"文"字，撇和捺要写得舒展一些。大家看老师是怎么写"波""纹"两个字的。

（教师范写后学生练习书写）

师：同学们，读这句话，只看到书面的景色是不够的，真正会想象的同学应该是能够透过表面，看到下面的——

生：我看到了水下面有小鱼，还有鹅卵石。

生：我看到了水草，随水波漂荡，很漂亮。

生：我看到小鱼在水里互相追逐打闹，很欢快。

师：不错，你们看到的真不少，但是还不够，真正厉害的同学不光能看到，还能够感受到。站在河边，你还能感受到什么？

生：很凉爽的感觉。

生：微风轻轻吹过，可以把头发吹起来。

生：我能感受到柳枝随风摆动，好像在跟我打招呼。

师：有了丰富的想象，我们对这里的景色感受就更深刻了。谁来读一读？

（多位学生朗读，教师指导后学生齐读这句话）

师：除了小河，还有什么景色也很吸引人呢？

生：田野。课文里写的句子是："路的一边是田野，葱葱绿绿的，非常可爱，像一片柔软的绿毯。"

师：是啊，田野多美啊！读这样的句子，你不仅需要用眼睛去看，还需要用心去感受。说说看，你看到了怎样的景象，感受到了什么。

生：那个田野就像绿毯，可以躺上去，应该很舒服。

生：有一次我和朋友在一片草地上躺着，后来睡着了，因为太舒服了。

师：是啊，这片柔软的绿毯不仅很软很舒服，还很漂亮。谁来读读这

9

句话？

（多位学生朗读，教师指导）

师：大家看这个"像"字，很好记，谁来说说？

生：左边是个单人旁，右边是大象的"象"。

生：这个"像"可以组成词语"好像"。

师：来跟老师写一写，注意右上是个斜刀头，右边的第六笔撇要从扁"口"中间穿下来，但上面不出头。这个字的撇比较多，每一个撇都像是被微风吹拂着的柳枝，随风飘荡。瞧瞧看，飘荡得多美啊，它们排着整齐的队伍，保持着良好的间距，看老师来写。

（教师范写后学生练习书写，教师点评指导）

师：课文中说了，路的一边是田野，葱葱绿绿的，像一片柔软的绿毯。在你眼中，河边的柳树像什么？

生：我觉得柳树好像一位美丽的少女，在微风的吹拂下，摇摆着自己婀娜的腰肢。

师："婀娜"这个词用得真好。河水像什么呢？

生：像一面镜子一样。

生：像一块翡翠一样，特别美。

【该环节王老师让学生边读边找边画描写景色的句子，再一次训练学生提取信息的能力。王老师又充分发挥学生的想象力，紧扣"恋恋不舍"，创设情境，让学生展开想象，从而感受"异常美丽的景色"，同时完成了课后第三题的部分练习。随文识字穿插其中，很值得点赞。】

任务四：链接生活经验，尝试语言表达

师：这么美丽的景色，难怪作者不想回去，但是还得回去。于是，"我们"就往回走，这时候，妹妹说话了——

| 课件出示 |

当我们往回走的时候，妹妹求妈妈抱她："我很累，走不动了，抱抱我。"

（指名读句子）

师：大家请注意，这句话中有一个"求"字是本课的生字，（教师边范写边指导）书写时注意第二笔竖钩要长一些，接下来的点、提、撇都不长，捺稍微长一些，最后一笔是点，千万别忘了。来，大家试着写一写吧！

（学生练习书写，教师指导）

师："求"这个字大家应该挺熟悉的吧？你们有没有求爸爸妈妈做过什么事？

生：我求爸爸妈妈给我买东西。我说："我求求你们啦！"

生：我求妈妈给我买一个变形金刚，我说："妈妈，您就给我买一个嘛！"

师：课文中写了妹妹求妈妈抱她时说的话，谁能联系自己求爸爸妈妈时的心情，读读这句话。

（一学生读，教师点评后全班齐读这句话）

师：大家读得不错，你看，联系自己的生活经验和感受，就可以读得更好了。下面我请两位同学来读一读妹妹和妈妈的对话，大家可以先回想自己的生活，然后再与同桌练习练习。

| 课件出示 |

　　当我们往回走的时候，妹妹求妈妈抱她："我很累，走不动了，抱抱我。"

　　妈妈摇摇头，回答说："不行啊，我也很累，抱不动你了。"

（学生练习后，教师指名朗读对话，并进行朗读指导）

师：当你求妈妈失败的时候，你会怎么做？

生：我会求爸爸！

生：我会哭。

师：作者到底是怎么做的呢？我们下节课继续学习。这节课就要下课了，最后，王老师留给大家的作业，一是正确规范地书写本课的生字，有感情地朗读课文；二是选择《陈伯吹儿童文学文集》中自己喜欢的篇目来读。这节课就上到这里，下课！

📑 深度评析

《一匹出色的马》是统编教材二年级下册的一篇课文，这是一篇极富童趣的散文，主要讲了"我们"一家在一个傍晚到郊外散步，看到了美丽的景色，回来时妹妹让爸爸妈妈抱，爸爸给了妹妹一根柳条，让妹妹当作马，妹妹高兴地"骑"回家的事。故事很简单，很符合低年级学生的认知特点，很多年轻教师会觉得此篇文章因内容简单而不知道教什么、怎么教。王老师的这节课就能起到示范作用。

一、理解编者意图，紧扣语文要素教学生学习语文的方法

对很多老师来说，低年级教材不像中高年级教材那样，双线结构比较明显，语文要素比较清晰，那这能不能说明低年级教材的编排就没有双线结构呢？显然不是的，低年级教材也依然是按双线结构编排，具有较强的整体性和连贯性。

这篇课文处在该单元的第三篇，通观前边两篇课文《雷锋叔叔，你在哪里》《千人糕》的课后题都有"想象画面"的训练，再看"语文园地二"字词句运用中的泡泡语也提示有"想象画面"的要求，由此分析，本单元的训练着重点就是"想象画面"，只不过有的是要求"读句子想画面"，有的是要求"借助插图说过程"，而这一课则是"边读边想象画面"。了解到了这些，我们就能明白王老师设计这节课的良苦用心了。例如，从开始的交流骑马感受，到对词串的学习与拓展，到紧扣关键词，对"恋恋不舍"一词谈感受，再到加上想象感受"异常美丽的景色"，整节课，王老师都紧扣本单元的训练要素"读句子，想象画面"展开，真正落实了单元训练主题。

王老师还紧扣单元训练主题教给了学生多种学习语文的方法。比如"获取相关信息""联系上下文""闭上眼睛想象"等，这些都聚焦了学生语文能力的培养，同时也是对本单元语文要素的实践。

二、字词的学习贯穿始终，注重语言文字的积累与运用

《义务教育语文课程标准（2022 年版）》（以下简称《课程标准》）中提

到，"语言文字积累与梳理"学习任务群"旨在引导学生在语文实践活动中，积累语言材料和语言经验，形成良好语感；通过观察、分析、整理，发现汉字的构字组词特点，掌握语言文字运用规范，感受汉字的文化内涵，奠定语文基础"。王老师在这方面的做法非常值得我们学习。

教低年级的老师，在进行字词教学时，往往会让学生先读课文，然后就直接进行字词的集中学习，有的会让学生带拼音读、去拼音读，再说说怎么记住这些词语的，词语的意思是什么等，这样的方法看似体现了学生的主体地位，其实并不符合学生的认知规律，学生并不能真正一下子学会这么多的字词。从导入开始，王老师就开启了引领学生扎实识字、写字的学习之旅。例如："大家看老师怎样来写'匹'字。我们先写一横，再写撇和竖弯钩，最后来写竖折，注意折笔要长一些。大家也试着写一写，注意把笔顺写正确，把字写规范。"教师的示范引领在这里体现得很突出。在任务二环节，王老师先让学生通过初读课文积累数量词词串，再让学生在课文中找类似的词串，让学生感受数量词的准确搭配，并积累了语言。在任务二的活动二中，王老师加大了词语学习的难度——学用结合。一直到最后一个环节，王老师依然教学了"求"字，并指导了书写。

对字词的理解，王老师也是在潜移默化中进行。如对"像"的书写和理解，王老师说："这个字的撇比较多，每一个撇都像是被微风吹拂着的柳枝，随风飘荡。瞧瞧看，飘荡得多美啊，它们排着整齐的队伍，保持着良好的间距。""课文中说了，路的一边是田野，葱葱绿绿的，像一片柔软的绿毯。在你眼中，河边的柳树像什么？"由此，既理解了词语的意思，又进行了仿说的练习。

《课程标准》总目标中说："主动积累、梳理基本的语言材料和语言经验，逐步形成良好的语感，初步领悟语言文字运用规律。"在字词的积累与运用中，王老师整节课都是借助文章语句实践，同时穿插生字的书写，把读、说、写结合在一起，准确把握并解决了本课的重难点。每一个环节的训练都扎实有效，让学生的语文能力得到提升。

三、以学生为主体的课堂，学以致用让学生能力形成

王老师整节课给了学生练习、思考的时间，真正做到把学生当作学习的主人，教学过程符合学生的认知规律和低年级学生的学习特点。如，怎么让二年级学生理解"恋恋不舍"这样的词语？王老师让学生把词语放到句子中来，请大家听一位同学朗读，然后让学生联系上下文，结合自己的生活实际来理解，并且引导学生关注到"恋"的下面是心字底，"恋恋不舍"是一种感觉，让学生学起来毫不费力，充分发挥了学生的主动性。之所以有这样的教学设计，是因为老师站在儿童的视角，联系学生的生活实际，架设生活与教材联系的桥梁，带领学生去体验、感受文章内涵，让学生体会到学习与生活相联系、阅读与想象相关联。在这样的课堂上，学生一定是情绪高涨、兴致勃勃的，因为它充分体现了学生的主体地位和教师的主导作用。

建　　议

开课初，王老师创设了学生喜欢的猜谜语活动，但是否可以把那个"牛"的谜语舍去，从而直奔主题呢？

关注有新鲜感的词句　不断丰富语言积累

——《大青树下的小学》教学实录

（统编版小学语文教材三年级上册）

教学过程

任务一：借助视频与图片，了解不同民族的特点

师：同学们，上课前王老师先请大家看一段视频。

（课件播放《爱我中华》视频）

师：谁听出来了，刚才的歌曲里唱到我国有多少个民族？

生：56个。

师：你们大多数是什么族的？

生：汉族。

师：咱们班有没有其他民族的？

生：我是满族的。

生：我是回族的。

师：每个民族都是独特的，特点各不相同，比如说服饰就各具特色。大家看看下面的图片，猜一猜这是什么民族。

（课件出示傣族的图片）

生：这个是傣族的，你看他们在跳舞。

生：我还看到他们身旁有一头大象，戴头巾的男的在敲击象脚鼓。

师：是啊，象的印迹已经逐步渗透到了傣族人生活的各个方面，与傣族人的生命融合在了一起。我们一起来读一读这个民族的名字——

生：傣族。

师：下面这个人也在敲击象脚鼓，他会是什么族的呢？

（课件出示老师敲击象脚鼓的照片）

生：这是王老师，是汉族的。

师：我们来读读这个民族的名字——

生：汉族。

师：继续看，下面这个是什么族？

（课件出示景颇族的图片）

生：景颇族。

师：对，他们服装特别鲜艳，饰品很特别。来，一起读读这个民族的名字——

生：景颇族。

师：我们再看两张图片，看看这是哪两个民族的。

（课件出示阿昌族、德昂族的图片）

生：一个是阿昌族，一个是德昂族。

师：咱们一起来读读这两个民族的名字——

生：阿昌族、德昂族。

师：刚刚我们认识了好几个民族的名字，我们再来读读这些名字。

生（齐）：汉族、傣族、景颇族、阿昌族、德昂族。

师：非常好，大家能不能根据我出示的图片读出这个民族的名字呢？

（教师出示民族的图片，学生读出相应的名称）

师：同学们，我国的民族特别多，但是你们知道吗，不同民族的小朋友，可以到同一所学校去上学。今天，我们就将走进这所大青树下的小学，去了解他们的学习生活。来，看老师写课题。

（教师板书课题后学生齐读课题）

【导入部分干净利落，简短有效。王老师通过《爱我中华》这首歌曲和一幅幅少数民族的照片，调动了学生学习的积极性。王老师出示的少数民族的照片就是课后"资料袋"中的内容，充分了解编者意图，不仅能激发学生的

学习兴趣，而且能与课文内容相结合，为后面的教学做好铺垫。】

任务二：学习生字新词，发现有新鲜感的词语

活动一：指导生字书写，认识有新鲜感的词语

师：不同民族的同学穿着不同服饰，来到了同一所小学上学，他们是怎样学习的呢？打开语文书，让我们来读读这篇课文吧！大家注意读准字音，读通句子。

（学生自由读课文，教师巡视指导）

师：刚刚我发现咱们班同学读书读得非常专心，并且还有两个好习惯。第一，坐姿特别端正；第二，读完之后立刻坐端正，看着前方。真好！同学们，我们看看课文中出现的这几个词语，你会不会读？

│ 课件出示 │

坪坝　绒球花　太阳花

（指名读词语，教师相机正音）

师：这里提到了两种花，大家认识吗？这样吧，我出示花的图片，大家读出相应的花名来。

（教师先后出示太阳花和绒球花的图片，学生读出花的名字）

师：大家读得很正确，你们怎么知道哪个是绒球花，哪个是太阳花的？怎么猜出来的？

生：绒球花有一种毛茸茸的感觉，所以我就猜出来了。

师：大家猜测一下，太阳花什么时间开。

生：早上，太阳出来就开了。

师：我们再来读读这两种花的名字——

生（齐）：太阳花、绒球花。

师：绒球花的"绒"和"球"两个字是本课的生字，书写时有没有要注意的地方？

生："绒"字的绞丝旁，要注意最后一笔是提，由重到轻来写；右边

17

"戎"字的斜钩要写得长一些，弯一些，才好看。

师：说得非常好，看老师写一写这个字。

（教师范写并提示易错处）

师："球"也是本课的一个生字，书写时要注意什么呢？

生：第四笔是提，也要注意由重到轻来写。

生：右边竖钩的竖要长一些。"求"的第六笔是捺，不要写成点。

生：右上的点可不能忘了。

师：老师也来写写。注意了，"绒球"是一个词，写"球"的时候要注意跟"绒"字挨近一些，大小要保持一致。

（教师范写后学生练习书写"绒""球"两个字）

【这一活动中，王老师并未出示本课所有的词语，而是选出比较生僻或难理解的，这就是对教学内容的取舍。舍去学生通过自己学习能解决掉的，教给学生不太容易理解的。在生字的学习中，教师再次借助了图片，让枯燥的文字形象化。书写时，教师很注意对学生习惯的培养，集中指导"绒""球"两个字，并让学生说一说"书写时要注意什么"，这是把学习的主动权交给了学生，让学生自主观察、发现，真正参与其中。】

活动二：借助相关词语，梳理课文的表述顺序

师：我们来继续读词语，下面几个，谁来读？

> **┃ 课件出示 ┃**
>
> 打招呼　问好　敬礼
>
> 学习　　朗读
>
> 摔跤　　跳孔雀舞

（教师指名读，正音后再让学生齐读词语）

师：我们来看张图片，这是在干什么呢？

生：跳孔雀舞。

师：跳孔雀舞和摔跤是什么时候干的事情？

生：下课。

师：再看一看，打招呼、问好、敬礼，这是什么时候干的事情？

生：上学时。

师：那学习和朗读呢？

生：这是上课时做的事情。

师：绒球花、太阳花、坪坝，这些在哪里可以看到？

生：上学路上。

师：大家发现了吧？课文就是按照这样的顺序来写的——

生（齐）：上学路上—到校时—上课时—下课时。

师：来，我们再读读这四行词语，王老师读时间段，大家读对应的词语。

师：上学路上——

生（齐）：坪坝、绒球花、太阳花。

师：到校时——

生（齐）：打招呼、问好、敬礼。

师：上课时——

生（齐）：学习、朗读。

师：下课时——

生（齐）：摔跤、跳孔雀舞。

【此活动的设计很巧妙！看似是字词的教学，其实每组词语的出现教师都是有意图的，都是为帮助学生把握课文主要内容，厘清文章脉络服务的。教师引导学生抓住关键词语、联系生活实际厘清本文的写作顺序，即按"上学路上—到校时—上课时—下课时"的顺序写，潜移默化地使学生明白写作要有顺序。】

任务三：聚焦有新鲜感的词句，丰富语言积累和语言经验

活动一：在对比中发现有新鲜感的词句

师：学校是我们熟悉的，到学校、上课、下课也都是我们熟悉的，看来学习这一课，我们可以用一个非常重要的方法，那就是把我们的学校生活跟这所学校的情况进行对比。现在，请同学们再读课文，边读边对比，将特别有新鲜感的地方勾画出来，还可以标上序号。

（学生默读勾画，教师巡视指导，强调姿势）

师：我们来交流交流，说说刚才你都勾画出了哪些有新鲜感的词语或句子。

生：我勾画的句子是："早晨，从山坡上，从坪坝里，从一条条开着绒球花和太阳花的小路上，走来了许多小学生，有汉族的，有傣族的，有景颇族的，还有阿昌族和德昂族的。"

师：说说看，你为什么觉得这句话很新鲜。

生："早晨，从山坡上，从坪坝里，从一条条开着绒球花和太阳花的小路上，走来了许多小学生。"我们上学都是从街道上、马路上走来的，这些小学生是从山坡上、坪坝里走来的。

生：他们走的那条小路上开满了绒球花和太阳花，很漂亮。我们走的马路两边一般都没有花，都是树。

生：我们这儿根本就看不到坪坝。

师：知道坪坝是什么吗？来，我们看一张图片。

（课件出示坪坝的图片）

生：坪坝就是一块平地，不过是在山里面的。

师：非常好！刚刚大家所说的都是我们这里很少见到的，很有新鲜感。联系我们的生活，对比着思考，我们很快就能发现那些很有新鲜感的词句。我们继续分享。

生：这句话还说了，走来的小学生有汉族的，有傣族的，有景颇族的，还有阿昌族和德昂族的，民族很多。

师：我们上学时，走来的有哪些民族的同学？

生：基本上是汉族的，有个别回族的、满族的。

师：我们不仅要用眼睛看，还要学会听。想想看，走在这样的上学路上，你还可能听到什么。

生：能听到小鸟唱歌的声音。

生：能听到有人唱山歌的声音。

生：能听到几个小伙伴聊天的声音，还是用方言说的，我们都听不懂。

生：能听到小溪哗哗流动的声音。

师：大家说得非常好！同学们，发现了没有，发现具有新鲜感的词句，我们可以怎么做？

生：对比，把我们的生活和他们的生活进行对比，这样就能发现有新鲜感的地方。

师：非常好，我们继续分享，你还发现了哪些具有新鲜感的词句？

生：大家看这几句话："大家穿戴不同，来到学校，都成了好朋友。那鲜艳的服装，把学校打扮得绚丽多彩。同学们向在校园里欢唱的小鸟打招呼，向敬爱的老师问好，向高高飘扬的国旗敬礼。"

师：说说看，哪些地方很有新鲜感。

生："大家穿戴不同，来到学校，都成了好朋友。那鲜艳的服装，把学校打扮得绚丽多彩。"你看我们来学校时，不管是汉族的同学，还是回族或者满族的同学，大家穿的都是一样的校服，但是他们不一样，各穿各的服饰。

师：课前我们也看了傣族、景颇族、阿昌族和德昂族的服饰图片，还记得有哪些颜色吗？

生：有白色的，还有红色的。

生：有黑色的，还有黄色的。

生：颜色都很鲜艳。

师：还可以用课文中的一个词来形容——

生：绚丽多彩。

师：是啊，难怪课文中写道——

生（齐）：那鲜艳的服装，把学校打扮得绚丽多彩。

师：来，跟老师写一写这一课的生字"服"和"装"。注意了，"服"的右边先写横折钩，再写长长的一竖。"装"的右上方是"士"，不要写成"土"；下面的"衣"要写得扁一些，横要长一些，撇和捺要写得舒展一些。

（教师范写后学生练习书写）

师：这段话中还有没有让你觉得新鲜的地方？

生："同学们向在校园里欢唱的小鸟打招呼，向敬爱的老师问好，向高高飘扬的国旗敬礼。"我们到学校了，也可以向老师问好，向国旗敬礼，但是我们的校园里基本上看不到小鸟，我们没办法向小鸟打招呼。

师：是啊，小鸟在校园里欢唱，这样的景象多美好啊！来，我们读读这段话，大家感受感受其中的新鲜感。

（学生齐读这段话）

【"新鲜感"是一种发自内心的体会，对于学生来说比较抽象。此环节王老师引导学生运用"联系自己熟悉的生活，并与文中的描写相对比"的方法来发现有新鲜感的句子，学生有了这一抓手，很快找到了另外几个类似的有新鲜感的语句。这样既给了学生学习方法，又降低了学习难度。】

活动二：在运用中巩固语言表达经验

师：他们虽然民族不同，但是来到学校干的事情是相同的。一会儿就上课了，我请一位同学读读这段话。

| **课件出示** |

> "当，当当！当，当当！"大青树上的铜钟敲响了。

（指名读句子）

师：这个上课铃声很特别，我们学校里好像没有。

生：我们学校的都是电子铃声，他们的是大铜钟。

师：谁见过铜钟？知道它是怎么响的吗？

生：中间有根绳子，然后里面有个东西，一摇它就响了。

生：它底下有一根很长的绳子，你左右摇晃绳子，它就响了。

（课件出示铜钟图片）

师：大家看这张图片，铜钟确实是这个样子的，它发出的声音，跟我们的音乐铃声一点都不一样，我们来听听吧！

（课件播放铜钟和音乐铃声，学生聆听）

师：咱们再来读读这段话。

（学生齐读句子）

师：这就是大青树下的小学。我们看看这里的小学生上课的情景吧，看看有哪些很有新鲜感的地方。

> **┃ 课件出示 ┃**
>
> 　　这时候，窗外十分安静，树枝不摇了，鸟儿不叫了，蝴蝶停在花朵上，好像都在听同学们读课文。最有趣的是，跑来了两只猴子。这些山林里的朋友，是那样好奇地听着。

（学生自由读，发现有新鲜感的地方）

师：来，说说你发现的有新鲜感的词句。

生：这时候，窗外十分安静，树枝不摇了，鸟儿不叫了，蝴蝶停在花朵上，好像都在听同学们读课文。

师：你看，同学们学习多专心，蝴蝶都停下来了，鸟儿也不叫了，作者就这样写出了当时的安静。如果是我们的学校，让你来写同学们在专心地读课文，你会写什么？

生：树枝不再晃动了，风停了。

生：路过的老师放慢了脚步。

生：马路上没有了汽车的鸣笛声。

师：非常好，根据实际情况来写，值得表扬。我们再看后面那两句，特别有新鲜感，特别有趣，谁来读给大家听？

生：最有趣的是，跑来了两只猴子。这些山林里的朋友，是那样好奇地听着。

生：太有趣了，猴子竟然跑到了学校里面。我们只有到动物园才能看到猴子。

生：这两只猴子不仅跑来了，还在好奇地听同学们读书。

师：多有新鲜感啊！猴子跑来了，关键是没有影响到同学们，他们该读书读书，很专心。试想一下，大家正在上课，如果窗外来了两只猴子，我们会怎么样？

生：我会被吓坏的。

生：我会尖叫。

生：我会告诉老师，让他报警。

生：我会赶快把门窗都关好。

师：是啊，这是大家真实的反应。上课的情景很有新鲜感，下课了，我们玩的也不一样。

> **｜课件出示｜**
>
> 　下课了，大家在大青树下跳孔雀舞，摔跤，做游戏，招引来许多小鸟，连松鼠也赶来看热闹。

师：大家读一读这句话，看看哪些地方很有新鲜感。

生：他们玩的内容很有意思，跟我们不一样。

师：咱们同学下课都玩什么？

生：跳绳、踢毽子。

生：玩游戏。

生：发呆。

生：看书。

师：这里的小学生玩的是什么？

生：跳孔雀舞。

生：摔跤，做游戏。

师：这些确实挺新鲜，但更新鲜的是——

生：连松鼠也赶来看热闹。

师：谁见过松鼠？在哪里见过？

生：我在书上见过图片。

生：我在电视上见过。

生：我在动物园见过。

生：我在山里见过。

师：我们来看看松鼠的图片，了解一下松鼠。

（课件出示松鼠图片）

师：我们能在学校见到松鼠吗？

生：不能。

师：这个太新鲜了，来，我们一起读一读这句话。

（学生齐读）

师：非常好，这是大青树下的小学下课的情景。谁能把这段话的内容改成我们学校下课的情景来读一读？同桌两人先练习练习。

（同桌合作，变换内容朗读）

生：下课了，大家在梧桐树下聊天，跳绳，做游戏，招引来很多低年级同学，连在教室里写作业的学霸也来看热闹了。

师：我要表扬这位同学，写出了我们学校的特点。

生：下课了，大家在梧桐树下跳绳，踢毽子，做游戏，招引来许多小鸟，连蚂蚁也赶来看热闹了。

师：大家说得非常好，表扬大家！同学们，这节课我们发现了很多有新鲜感的词句，大家朗读得也不错！回顾回顾，在学习这些有新鲜感的词句时，我们是怎么做的？

生：对比，将我们的生活跟大青树下的小学的同学们的生活进行对比。

师：是啊，通过对比，我们就能发现很多事物都有新鲜感，今后我们在阅读的过程中就可以用这样的方法。这节课就要下课了，最后，王老师留给大家的作业是：书写本课所学到的生字，同时跟家人说说这一课你发现的有新鲜感的词句，说一说这所学校特别的地方。下课！

【在此项活动的教学中，王老师引导学生将学到的方法在其他段落的学习中尝试运用，如对比自己的生活感受有新鲜感的词句、创设情境发挥想象体会有新鲜感的词句、练笔写话改写句子领悟有新鲜感的词句等，多种形式的学习有效地落实了语言文字的运用，让学生在自主探究中体会学习的快乐与成功。】

深度评析

《课程标准》在第二学段的"识字与写字"中提到"对学习汉字有浓厚的兴趣，养成主动识字的习惯""写字姿势正确，养成良好的书写习惯"。在

"阅读与鉴赏"方面也提出了"能联系上下文，理解词句的意思，体会课文中关键词句表达情意的作用""积累课文中的优美词语、精彩句段，以及在课外阅读和生活中获得的语言材料"等要求。如何将《课程标准》的这些要求落实到我们现行语文教材的教学中，应该是老师们思考的问题。王老师的这节课给我们做了很好的示范。

一、关注积累与运用，真正落实学习目标

这篇课文是学生从低年级走向中年级进行语文学习时学的第一篇文章，如何适当地把握教学目标，自然衔接，平稳过渡，是我们一线教师往往忽略的问题，于是就出现了很多学生不适应三年级学习生活，以至于厌学的现象。王老师非常了解学生的这一现状，教学时既没有脱离低年级的教学重难点，又拓宽了中年级语文学习的广度。

如，适度弱化了识字、写字教学。字词的学习是低年级的教学重点，到了中年级，字词的学习虽然也很重要，但因学生已经拥有了一定的识字、写字能力，所以王老师由原来的教变成了现在的扶和放，只对课文中的重点字词进行指导和学习。整节课，王老师将生字词的学习融入感知课文内容的环节中去，集中进行了两次写字指导——"绒""球"和"服""装"。虽然面对的是三年级学生，写字时教师还是做了具体的指导，让学生说一说在书写时要注意什么，或是提醒学生书写时的要点，接着教师再进行示范，最后再让学生临写。字词的积累为后期的课文学习打下了基础。

再如，"借助相关词语，梳理课文的表述顺序"是为中年级把握课文内容，厘清文章脉络这一教学难点做准备。王老师给了我们一个很好的示范："上学路上——坪坝、绒球花、太阳花；到校时——打招呼、问好、敬礼……"引导学生通过细致的文本研读，将词语进行有意义的分组排列。学生既学到了方法，又完成了学习目标。

二、理解编者意图，落实课标理念

《课程标准》中提到，"语言文字积累与梳理"学习任务群"旨在引导学生在语文实践活动中，积累语言材料和语言经验，形成良好语感"。何谓真正

的"语文实践活动"？怎样才能做到潜移默化地让学生"积累语言材料和语言经验"？这些对于每一位语文教师来说都是值得深入思考的问题。

《大青树下的小学》是三年级上册第一单元第一课，这个单元的语文要素是"阅读时，关注有新鲜感的词语和句子"，旨在引导学生关注课文中有特色的、自己感兴趣的词句，能主动理解这些词句，交流阅读感受并主动积累。其中，"关注"两个字给教师指明了教学的方向。怎样"关注"？以什么形式进行"关注"？"关注"到什么程度？王老师充分了解了编者意图，吃透教材，准备定位。如，王老师始终将本单元语文要素"阅读时，关注有新鲜感的词语和句子"贯穿整个课堂。开始的导入，对学生比较陌生的少数民族以图片的形式进行直观展示，引导学生体会其新鲜感。词句的学习中，联系生活，引导学生感受其新鲜感。尤其是任务三中设计的两个活动，将关注有新鲜感的词语和句子的方法，在思考、交流、汇报中落实到位。

三、注重学法指导，培养语文学习能力

在教学的过程中，王老师非常注重学生的"学"，轻松愉悦的学习环境让学生的思维得以发散，学生的每一次"发现"都是他们自主合作探究的成功。"新鲜感"是内心的感受，比较抽象，看不见，摸不着。怎么发现文中具有"新鲜感"的句子比较难。在本节课中，王老师引导学生主要采用"对比、想象"的方法学习文中有新鲜感的词语和句子，将无形化为有形，遵循了三年级学生的认知规律。"对比"中，学生将自己的生活实际与文中的描写进行比较，发现不同，感受"新鲜"；"想象"中，学生脑海里形成画面，领悟"新鲜"。学生在品词析句中掌握方法，理解文章。

叶圣陶先生曾提出"教是为了不教"。王老师的课堂充分体现了这一理念。在"在对比中发现有新鲜感的词句"这一活动中，王老师首先创造了跟学生很贴近的真实的语文实践情境，引导学生在阅读中将熟悉的学校生活跟文中这所学校的情况进行对比，发现不同，找到特别有新鲜感的地方，勾画出来，标出序号，继而品读体会。接着，在"在运用中巩固语言表达经验"这一活动中，王老师又引导学生用对比的方法学习，加入想象，在想象中提升能力。如，学习"这时候，窗外十分安静，树枝不摇了，鸟儿不叫了，蝴

蝶停在花朵上，好像都在听同学们读课文。最有趣的是，跑来了两只猴子。这些山林里的朋友，是那样好奇地听着"这段话时，学生发现有新鲜感的地方，想象自己学校同学们"专心地读课文"时，自己会怎样写周围的安静，交流"大家正在上课，如果窗外来了两只猴子，我们会怎么样"。学习大青树下的小学下课的情景时，引导学生仿照改写成自己学校下课的情景。整个过程环环相扣，如行云流水，学生在多种真实情境的创设中，积累了方法，学会了运用，能力在潜移默化中逐步形成。

学生是课堂的主人，好的课堂不仅关注教师的教，更要关注学生的学。让我们转变观念，像王林波老师这样帮助学生学会学习！

建　议

对于"新鲜感"这一概念的定位，一些专家、名师和普通教师站位视角不同，对它的理解也各有不同。有人认为，"新鲜"是一个相对的概念，随着人们的认知水平和生活经验的不同而发生变化。我们首先要站在儿童的角度思考，再用成人的视角审视。还有人认为，"关注有新鲜感的词语和句子"应该是在尊重学生的前提下，进行对话交流。在课堂上，王老师给予了学生发现新鲜感词句的方法：联系我们的生活，对比着思考，我们很快就能发现那些很有新鲜感的词句。需要注意的是，联系生活，对比思考只是发现新鲜感词句的一种方法，这是否会在学生的认知中窄化学生对"新鲜感"的理解呢？珍视学生独特的感受、体验和理解，加强对学生阅读的指导、引导和点拨，不以教师的分析来代替学生的体验和思考等是我们每个老师都应该关注到的。王老师的这节课是否可以对"新鲜感"再稍作解释，让学生明白有趣的、优美的、想象力丰富的、陌生的、不理解的词句等，都可以是"新鲜"的；词句中的一些新的表达方法，也可以说是具有"新鲜感"的呢？

积累语言经验 提升表达能力

——《爬天都峰》教学实录

（统编版小学语文教材四年级上册）

教学过程

任务一：欣赏黄山美景，感受黄山险峻

师：同学们，我们的祖国地域辽阔，山河壮美，大家看这幅图上的这座名山，多雄伟，多壮美，猜猜这是什么山。（出示黄山的图片）

生：这是黄山。

师：你是怎么判断出这是黄山的？

生：我去过黄山，我一看到迎客松就知道这是黄山，黄山上的景色很美，不过黄山很难爬，我是坐缆车上去的。

师：其他同学有没有去过黄山？

生：没有。

师：这样吧，我们来看看黄山的图片，欣赏欣赏它的美景。

（教师出示黄山的图片，学生惊叹不已）

师：黄山确实特别壮美，但是也非常险峻。黄山上有一座峰直冲云霄，高达1810米，古时候被称为"群仙所都"，就是天上的都会，猜猜看是什么峰。

生：天都峰。

师：来，我们一起读读它的名字。

生：天都峰。

师：在险峻的天都峰上，有这样一个地方，宽仅有 1 米，两侧是万丈悬崖，四周是云雾缭绕，你们看——（出示鲫鱼背图片）站在这里往两边看，你会看到什么？

生：万丈深渊，让人觉得很害怕。

师：当四周云雾缭绕的时候，这里就像是一条鱼在水里游，只露出了它的背，这个地方有一个很好听的名字，叫鲫鱼背。我们一起读读这个名字。

生（齐）：鲫鱼背。

师：同学们，今天，我们将继续跟着课文学写作，让我们跟着作者爬爬天都峰，看看作者是怎样写清楚爬天都峰的过程的，看看我们从中能学到哪些好的方法。来，我们齐读课题。

生（齐）：爬天都峰。

【教师从学生的生活经验引入，又结合图片呈现黄山的景色，同时重点关注了天都峰和鲫鱼背，从视觉上给了学生以冲击，为后期课文的学习打下了基础。】

任务二：分组学习字词，厘清表达顺序

师：请同学们打开语文书默读课文，注意除了读准字音，读通句子，还要拿笔勾画出课文中写到的时间、地点、人物。

（学生默读课文，进行勾画）

师：同学们都已经读完课文了，读得挺认真的，值得表扬，我来检查检查字词的认读情况。第一组词语，谁来读一读？

生：笔陡的石级、叫人发颤。

师：我要表扬这位同学，声音特别洪亮。谁来读下一组词语？要像这样声音响亮地读。

生：攀着铁链、手脚并用。

师：同学们，大家能够想象出攀着铁链、手脚并用的样子吗？

生：攀着铁链就是爬山的时候两只手拽着铁链。

生：手脚并用就是爬山时手和脚都在用。

师：很好，想象着画面，我们再来读读这两个词语。

（学生读词语）

师：第三组词语，谁来读？

生：鲫（jì）鱼背、照相、纪念。

师：注意有一个字音你读得不准确，鲫（jì）鱼背。谁再来读？

生：鲫（jì）鱼背。

师：非常好，你再来读一遍。

（刚刚读错的同学重新读一遍）

师：这三组词大家都会读了，很好。下面请同学们根据王老师板书的提示来读相关的词语，怎么样？

（教师板书：爬山前）

生（齐）：笔陡的石级、叫人发颤。

（教师板书：爬山时）

生（齐）：攀着铁链、手脚并用。

（教师板书：爬山后）

生（齐）：鲫鱼背、照相、纪念。

师：非常好，我们再来读一次，我来指板书中的内容，大家来读词语。

（教师随机指黑板上的"爬山前""爬山时""爬山后"，学生读出大屏幕上相应的词语）

师：在刚刚读词语的过程中，谁发现这篇文章的写作顺序了？

生：这篇文章是按照爬山前、爬山时、爬山后的顺序写的。

师：刚刚在读课文时，谁画出了表示时间、地点、人物的词语？请举手。

生：时间是假日里；地点是黄山的天都峰；人物是爸爸和我，还有老爷爷。

师：他们干的事情是什么呢？

生：爬天都峰。

师：同学们，你们有没有发现，我们刚才说了这么多的信息，其实课文里有一句话就概括了，是哪一句呢？

生：假日里，爸爸带我去黄山，爬天都峰。

师：真好！来，我们一起读一读这句话。

（学生齐读）

【王老师在进行三组词语的教学时各有侧重：第一组词语只要求读得声音响亮，第二组词语的朗读则要求带着想象，第三组词语要求读准难读的字音。任务不同，认识词语的方法也就不同。同时，对三组词语的学习也让学生在不知不觉中厘清了作者的写作顺序，为学文做好准备，而且直指本单元的语文要素。】

任务三：梳理表达方法，积累语言经验

活动一：跟着课文学写人物的想法

师：作者会怎样把爬天都峰的过程写清楚呢？我们先来读一读课文第2自然段。谁来读给大家听？

| 课件出示 |

　　我站在天都峰脚下抬头望：啊，峰顶这么高，在云彩上面哩！我爬得上去吗？再看看笔陡的石级，石级边上的铁链，似乎是从天上挂下来的，真叫人发颤！

（一学生读）

师：这位同学读得特别流畅，我要表扬，不过缺乏感情。这样，我们来看一看天都峰。（课件出示天都峰高耸入云的图片）这就是天都峰，四周云雾缭绕，你想想有多高呀！来，再看一看这爬山的路。（课件出示天都峰笔陡的石级）你有什么感觉？

生：这条路也太陡了。

师：课文中用到的词语是——

生：笔陡。

师：要爬上这笔陡的石级，你会有什么感受？就带着这样的感受来读这段话。

（刚刚那位同学再读此段话）

师：我再请几位同学来读一读这一段。

（几位同学分别朗读此段话）

师：读了这么多遍，谁发现了天都峰的特点？

生：天都峰很高，而且还特别陡。

师：如果现在你就站在又高又陡的天都峰下，往天都峰的峰顶望去，什么感觉？我们请一位同学到前面来做做动作。

（一学生上台，仰头向上看）

师：注意他的头，他仰着头并不是看星星和月亮，他是在看——（师转向表演的同学）你在看什么？

生：我在仰头看天都峰。

师：因为它——

生：它实在是太高了。

师：我们来看几张天都峰的照片吧！（课件出示天都峰照片）大家看，天都峰又高又陡，两边的铁链像从天上挂下来一样，要爬这样的天都峰，你此刻有什么想法？

生：这怎么可能爬得上去呢？

生：天哪，爬上去我的腿不会断了吧？

生：天呀，这么高！我都想打退堂鼓了。

师：来，就带着这种感觉，再来读读这一段。

（多位学生朗读）

师：读得真不错，如果在读的时候把你刚才的心理感受加上，肯定更精彩！你可以把文中的"我爬得上去吗？"改成自己的想法，加进去读一读。

生：我站在天都峰脚下抬头望：啊，峰顶这么高，在云彩上面哩！这怎么可能爬得上去呢？

生：我站在天都峰脚下抬头望：啊，峰顶这么高，在云彩上面哩！天哪，爬上去我的腿不会断了吧？

师：真好！我们要把事情写清楚，不仅可以写自己看到的，还可以写一写自己当时真实的想法。同学们，你们看这是什么？（课件出示一辆很脏的汽车）有一辆汽车，特别脏，你的任务是把它擦干净。瞧瞧，车窗的玻璃上还写着"我不洗车,我等下雨"。你看到这样的汽车,明白了自己的任务,心里会想些什么?

生:我会不会累得瘫坐在地上?

生:天哪,这个车这么脏,我还是跑吧!

生:这车这么脏,我会不会感染细菌呀?

生:这么多的灰,我要不要戴 N95 口罩?

师:同学们,刚才大家都说了自己的真实想法,你能不能把想法加在这几个句子中?大家先相互说一说。

| 课件出示 |

我站在车旁一看:啊,_____,我_____吗?再看看_____,_____。

(学生练习后,教师请同学们进行展示交流)

生:我站在车旁一看:啊,这车这么脏,我能洗干净吗?再看看车轮胎上的泥巴,洗完后我黄色的校服不会变成土黄色吧?

生:我站在车旁一看:啊,这车竟然如此脏,我洗得完吗?再看看车身上厚厚的灰尘,洗完车我不会累散架吧?

生:我站在车旁一看:啊,这车这么脏,我需要戴上 N95 口罩吗?再看看车的后面全是泥巴,洗完后我不会变成泥人吧?

生:我站在车旁一看:啊,真脏啊,我能跑吗?再看看车后面,我不洗了。

生:我站在车旁一看:啊,车这么脏,我洗得完吗?再看看后面,竟然写着"我不洗车,我等下雨",那你还是等下雨吧。

师:我要表扬咱们班所有同学,语言表达能力很强。虽然我们每一个人看到的是同样的事物,却可以用不同的语言来表达,真了不起!

【对于该活动的设计王老师关注习作单元中精读课文所承载的功能:不仅不能丢失阅读课中"读"的本质,还要关注"写"的要求。王老师在引导学生学习第 2 自然段的时候,带领学生运用多种方式的朗读理解"笔陡";在教

学天都峰"高"和"陡"的特点时，让学生加上心理感受理解、练写，教给了学生一种如何将一件事情写清楚的方法。】

活动二：跟着课文学写人物的语言

师：同学们，我们要把一件事情写清楚，可以写出人物是怎么想的，还可以写一写什么呢？看课文第3~5自然段，说一说你的发现。

| 课件出示 |

> 忽然听到背后有人叫我："小朋友，你也来爬天都峰？"
>
> 我回头一看，是一位白发苍苍的老爷爷，年纪比我爷爷还大哩！我点点头，仰起脸，问："老爷爷，您也来爬天都峰？"
>
> 老爷爷也点点头，说："对，咱们一起爬吧！"

师：请同学们默读这三个自然段，看一看是谁跟谁说的话，都说了些什么。

（学生默读思考）

生：是一个老爷爷和小作者说的，老爷爷说："小朋友，你也来爬天都峰？"

师：有没有人从老爷爷的话中听出一点言外之意？

生：老爷爷在质疑这个小朋友，你个子这么矮，能爬得上这么高的天都峰吗？

师：其实老爷爷是想让小作者爬上天都峰的，他这么说，是在干什么？

生：是在激将。小作者不服输，肯定就想爬上去证明自己是可以的。

师：激将法还挺好用的，生活中我们也会经常用到。比如，你个子太小了，不敢去打篮球，爸爸会用激将法对你说——

生：呵，看来你是怕了呀！

生：你这个胆小鬼，连篮球都不敢去打。

师：你听完之后心里怎么想？

生：你说我胆小，我偏要去。你说我不行，我就证明给你看。

师：这就是激将法。再比如，你语文学得不够好，想要放弃，妈妈可能会这样激将你——

生：你还想考北京大学呢，语文学得这么差，算了算了，还是别考了。

生：你语文都学不好，干脆别当中国人了。

师：同学们，你们看，这就是激将法。课文中老爷爷的话，谁再来读读？

生：忽然听到背后有人叫我："小朋友，你也来爬天都峰？"

师：很好！这位老爷爷还说了一句话，谁来读读？

生：老爷爷也点点头，说："对，咱们一起爬吧！"

师：你们有没有发现这句话跟刚才的那句话风格不同，刚才是在激将，现在呢？

生：这句话是在鼓励小作者。

师：看来，我们有时候需要激将，有时候也需要激励。还是刚才的场景，如果用激励法，该怎么说呢？你个子太小了，不敢去打篮球，爸爸会怎么说？

生：走，我陪你一起去吧。

生：你要是投中篮了，爸爸奖励你一个小玩具。

生：加油，儿子！爸爸陪你一起去打篮球。

师：我们再来看看另外一个场景：你语文学得不够好，想要放弃，妈妈可能会这样激励你——

生：孩子，学语文要慢慢来，一定要坚持，妈妈相信你！

生：妈妈陪你一起学，咱们熬到明天都可以。

生：宝贝儿，如果你语文这次考好了，我给你买你最爱吃的海苔饼干。

生：妈妈送给你一句话：书山有路勤为径，学海无涯苦作舟。

师：同学们，今天我们学会了两个方法，一个是激将法，一个是激励法。我们来用用这两种方法吧。学校要举行经典诗文比赛，小红性格很内向，胆子小，她很想参加比赛，但是又不敢报名，谁先来激将一下她？

生：哟，你怕了吗？

生：你连这个都不敢参加，你以后怎么面对你自己的人生呢？

生：你真胆小，一个经典诵读都不敢报名？

师：换成激励法，怎么说？

生：小红，没事！我相信你一定能行，加油！

生：古诗文经典诵读比赛，只要你平时日积月累，就一定没有问题，不要怕！

师：下面我请两组同学，一边是激将，一边是激励，对比着说一说。

激将1：哼，胆子真小，怕了吧！

激励1：古诗文经典诵读比赛，只要你平时日积月累，就一定没有问题，不要怕！

激将2：不就一个古诗文诵读比赛吗？都不敢报名，这么胆小，我瞧不起你！

激励2：加油，你可以做到的！

激将3：不就一个经典诗文诵读比赛吗？你都不敢参加，你以后怎么面对你的人生呢？

激励3：这一次的经典诗文诵读比赛，你一定要勇敢报名呀！相信自己，加油！

激将4：你看你胆子小成啥了，连一个经典诗文诵读比赛都不敢参加。

激励4：加油，你可以的，相信自己！

【将一件事情写清楚，除了可以加入心理描写，还可以加上对话。为了让对话更加生动，王老师创设了多种情境，让学生深入地体会要想走入人物内心，可以用"激将法"或"激励法"练习说话。这样的活动设计，不仅能帮助学生读好文中的对话，还打开了学生习作的思维。】

活动三：跟着课文学写人物的动作

师：同学们，要把事情写清楚，不但可以写人物怎么想的，怎么说的，还可以写一写人物是怎样做的，就像课文这一段写的一样——

| 课件出示 |

> 我奋力向峰顶爬去，一会儿攀着铁链上，一会儿手脚并用向上爬，像小猴子一样……

（学生齐读）

师：同学们，这段话中小作者是怎么做的？

生：一会儿攀着铁链上。

生：一会儿手脚并用向上爬。

师：看来天都峰真的很难爬。（课件出示人手脚并用向上爬天都峰的图片）大家想一想，要爬这么陡的天都峰，除了攀着铁链，除了手脚并用向上爬，还会怎么爬呢？

生：可能会拉住旁边的铁链，或者扶着石头往上爬。

生：可能会紧贴着石壁慢慢地爬。

生：还可能拉着爸爸的手，或者拽着爸爸的衣服慢慢爬。

师：现在，我们再读读第 6 自然段，把自己想到的话补充进去读，在这段话的后面再加上一个"一会儿"。

| **课件出示** |

> 我奋力向峰顶爬去，一会儿攀着铁链上，一会儿手脚并用向上爬，像小猴子一样，一会儿_____。

生：我奋力向峰顶爬去，一会儿攀着铁链上，一会儿手脚并用向上爬，像小猴子一样，一会儿又抓住旁边的铁链，生怕自己会掉下去。

生：我奋力向峰顶爬去，一会儿攀着铁链上，一会儿手脚并用向上爬，像小猴子一样，一会儿扶着石头往上爬。

生：我奋力向峰顶爬去，一会儿攀着铁链上，一会儿手脚并用向上爬，像小猴子一样，一会儿紧贴着石壁慢慢地爬。

生：我奋力向峰顶爬去，一会儿攀着铁链上，一会儿手脚并用向上爬，像小猴子一样，一会儿拉着爸爸的手走。

生：我奋力向峰顶爬去，一会儿攀着铁链上，一会儿手脚并用向上爬，像小猴子一样，一会儿坐在石级上喘着粗气休息。

师：同学们，我们平常在写文章的时候，不仅可以写出人物是怎么想的、怎么说的，还可以把人物怎么做的写出来，这样表达就更清楚了。我们来试试吧！（课件出示妈妈炒菜的图片）这样的情景，大家一定很熟悉吧，妈妈在干什么？

生：炒菜。

师：妈妈在炒菜的时候会有哪些动作呢？我们试着来写一写吧！

（学生动笔练写，教师巡视指导）

师：写好了吧？我们来分享一下。

生：只见妈妈手起刀落，霎时间鱼就变成了两半。这时，只见一道光闪过，案板上就多了一个西红柿，还剥了皮，再听，厨房里传出了"突突突"的"枪击声"，妈妈肯定是在剁西红柿了。

师：真好！在你的笔下，妈妈不仅像个厨师，还像个英勇的女兵。我有一个地方不明白，妈妈正在做饭，怎么会有一道光闪过，那道光是什么呀？

生：是妈妈打开冰箱取西红柿的时候里面射出来的光。

师：哦，这样啊，真好！我们再找一位同学分享。

生：妈妈拿起大刀"咚咚咚"地剁起来，大葱就变成了像米粒大小的小葱花，再看妈妈从案板上拿了一些花里胡哨的调料往锅里撒去，不一会儿，香味儿就飘了出来。

师：你妈妈做饭水平很高呀！谁再来分享？

生：只见妈妈一手拿着一个大铲子，一手握着平底锅的锅把儿，一会儿用大铲子拨动里面的菜，一会儿把平底锅里的菜翻起来，不一会儿菜就炒好了。这时，妈妈把锅翻了一个个儿，菜就全部躺进了盘子里。

师：太有画面感了！王老师知道还有很多同学想分享自己的作品，但是下课的时间就要到了，我们今天只能分享这么多了。今天给大家留一个作业：请同学们把刚才写的这个片段再完善一下，写得更清楚一些，写完之后，读给妈妈听，让她判断一下你是否写清楚了。这节课就上到这里，下课！

【本活动的设计很是巧妙！教师最后点明具体方法，结合小作者爬天都峰时的动作，让学生再次想象"还会怎么爬"。拓展中，教师创设妈妈炒菜的情境，引导学生抓住妈妈炒菜时的动作展开描写，可谓活学活用。教师从多个角度出发，不放过任何一个训练说话、写作的机会，同时落实习作单元的语文要素，为单元习作服务。】

深度评析

《爬天都峰》是统编语文教材四年级上册习作单元的第二篇精读课文。习作单元从三年级上册开始设置，每册一个。其中三年级上册训练学生留心观察的能力，三年级下册是让学生展开大胆的想象，四年级上册是把一件事情写清楚，四年级下册要求按一定的顺序写景物，五年级上册是运用说明方法介绍一种事物，五年级下册是学习描写人物的方法，六年级上册是围绕中心意思写，六年级下册是表达真情实感。每个年级有每个年级的习作任务，目的是让教师知道如何教作文，让学生集中通过一个单元的学习学会如何写作文。

习作单元都是围绕某项关键的习作能力编排的，在结构体系上与其他单元有较大的区别，一般由精读课文、交流平台、初试身手、习作例文和习作组成。这样设置的意图是在精读课文中引领学生学习表达方法；交流平台归纳梳理，提炼方法；初试身手引导学生初步尝试运用；习作例文则是让学生进一步感悟、积累表达经验；最后形成习作单元成果。习作单元的全部内容都以习作能力的达成为目标，各部分联系紧密。

要想教好这一单元，我们还必须知道四年级上册的习作单元有哪些内容？本单元的语文要素是"了解作者是怎样把事情写清楚的"，习作要求是"写一件事，把事情写清楚"。写好一件事是非常重要的一项习作能力，而"把事情写清楚"则是写事最基本的要求。将单元目标定位在"把一件事写清楚"上，着眼的是学生基本习作能力的培养。围绕这一习作目标，本单元编排了《麻雀》《爬天都峰》两篇精读课文和《我家的杏熟了》《小木船》两篇习作例文。四篇课文都是以第一人称叙写的，所写的也都是作者生活中遇见或亲身经历的事情，生活气息较浓，易于学生学习。

《爬天都峰》一文写的是爸爸带"我"去爬天都峰，"我"和一位不相识的老爷爷相互鼓励，一起爬上又高又陡的天都峰的事。课文按爬天都峰的过程一步步叙述，读来明白晓畅。两篇精读课文从不同角度引导学生感受把事情写清楚的方法。《课程标准》"总目标"中提到"能根据需要，用书面语言具体明确、文从字顺地表达自己的见闻、体验和想法"，如何将它落实到教材中这一特殊单元里呢？王老师执教的《爬天都峰》一课，凸显习作单元精读课文的特点，有许多值得借鉴的地方。

一、厘清单元要素，定好习作目标

本单元语文要素是"写一件事，把事情写清楚"，关于"写清楚"这个训练点，统编语文教材从三年级就开始训练，比如三年级下册第二单元要求"把图画的内容写清楚"，三年级下册第四单元要求"把实验过程写清楚"，到四年级上册第五单元要求"写一件事，把事情写清楚"。这说明在"写清楚"方面，学生已经进行了多次训练，有了一定的基础，但"把事情写清楚"，还是第一次出现。

同时，交流平台给了两种方法：一种是"写一件事，要把事情的起因、经过、结果写清楚"，而且"时间、地点、人物要交代明白"。一种是"写事情要按照一定的顺序写"，如《爬天都峰》是按爬山前、爬山中、爬上峰顶后来写的；《麻雀》则是把看到的、听到的、想到的都写了下来。在教学《爬天都峰》这一篇课文时，王老师时时刻刻都在围绕按一定的顺序写清楚来进行，习作目标非常明确。

二、教学过程环环相扣，做到前后关联

习作单元的精读课文也依然承载着普通单元精读课文的功能，依然需要听说读写的训练。首先，王老师引导学生结合认读词语的方式，厘清文章的写作顺序，让学生们顿时豁然开朗，产生学习文本的兴趣。其次，王老师抓住学生丰富的想象力这一特点，让学生大胆想象。在读到描写天都峰的陡的句子时，王老师仿佛把学生带到了天都峰脚下，让学生想象当时自己真实的想法，设身处地去揣摩人物心理，并用自己的话表达出来。这一设计就为如何"把事情写清楚"做好了铺垫，可谓环环相扣。最后，读写结合，做到了前后的关联。叶圣陶先生说："教是为了不教。"王老师在引导学生们学习课文内容的同时，还通过多种方式的朗读，让每一个孩子都参与到课堂中，并且始终保持激烈讨论的状态，促使学生们深入理解课文内容。特别是在习得

写作方法上，王老师点明"要把事情写清楚，不但可以写人物怎么想的，怎么说的，还可以写一写人物是怎样做的"，不是写作知识的简单叠加传授，而是借用课文这个例子，启发学生的能动性，引导他们尽可能自己去探索。学生运其才智，勤其练习，写作能力得到进一步的提升。

更难能可贵的是，王老师在引导学生进行练笔的时候，创设了妈妈炒菜的情景。"初试身手"板块中提到"观察家人炒菜、擦玻璃或者做其他家务的过程，用一段话把这个过程写下来，注意用上表示动作的词语"的练习，这一环节的前置为后边大习作的写做好了铺垫。王老师真正理解了习作单元整体性和综合性这一编写意图，并有意引导学生进行练习，做到了着眼表达方法，落实语用训练。习作单元精读课文如何教，王老师的这节课就给了我们很好的答案。

建　议

该课整体设计很漂亮，王老师关注到了习作单元精读课文的编者意图，在字词句段篇的教学中，能够根据学生学情，巧妙设计，融会贯通，大单元教学意识较强。但需要注意的是，因习作单元是在精读课文中学方法，交流平台中练方法，单元习作中呈现出一篇练习成果的编排思路，势必会让整个单元的教学显得过于具有工具性。《课程标准》在"课程理念"中指出："立足学生核心素养发展，充分发挥语文课程育人功能。"如何在这一单元的教学中既体现课标理念，又让我们的课堂教学更有效，是需要思考的一个问题。

巧借相关资源　丰富古诗积累

——《芙蓉楼送辛渐》教学实录

（统编版小学语文教材四年级下册）

教学过程

任务一：背诵送别名句，丰富古诗积累

师：同学们，看老师在黑板上写一个字（板书"送"），这个字读作——

生：sòng，送别的送。

师：我国古代有很多送别诗，你有没有立刻想起一首？

生：《别董大》。

师：特别好！诗题中的"别"字就表示送别。谁能来背一背这首诗？

（学生背诵《别董大》，教师指出后两句是千古名句，学生再读后两句诗）

师：还有一首诗的诗题中也带有"送"这个字——《晓出净慈寺送林子方》，你知道送的人是谁吗？谁在送他？什么时间呢？

（学生回答后背诵这首诗）

师：我们继续来看《送元二使安西》和《赠汪伦》这两首送别诗，有人会背诵吗？

（学生背诵）

师：除了这首《赠汪伦》，李白还写了一首送别诗《黄鹤楼送孟浩然之广陵》，我们也来背一背。

（学生背诵）

师：这首诗的题目中提到了什么楼？

生：黄鹤楼。

师：有一首诗中也写到了楼，叫鹳雀楼，大家知道吧？谁来背背这首诗？

（学生背诵《登鹳雀楼》）

师：今天我们要学习的古诗是一首送别诗，诗题中也提到了一座楼——

生：芙蓉楼。

师：大家注意"芙""蓉"两个字是这一课要求书写的生字，看老师写。（教师边板书边讲解）"芙"和"蓉"两个字的上半部分都是？（学生回答草字头）"芙"的撇和捺要舒展；"蓉"先写好草字头，宝盖要盖住下面的部分，下面"容"的撇和捺要舒展。

（教师板书诗题后学生完整地读诗题）

师：读了诗题，你对这次送别一定有了一些了解，说说看。

生：是王昌龄在送辛渐。

生：送别的地点是芙蓉楼。

生：王昌龄在芙蓉楼送辛渐。

【由"送"字切入，引导学生回顾、猜背以前所学过的送别诗，逐步导入本课的诗题。此过程引导学生在潜移默化中把学过的知识进行归纳整理分类，使知识系统化、条理化。】

任务二：运用多种方法，理解诗句大意

师：同学们，下面请大家自己读一读这首诗，注意把字音读准，句子读通顺，同时看看旁边的注释，看看你有哪些收获。

（学生自己练习读古诗，阅读注释）

师：同学们刚刚读得很认真，非常好，现在我请几位同学来读一读这首诗。

（指名几位同学读古诗，相机正音）

师：刚刚同学们还看了注释，一定收获不小，王老师在黑板上写一个词，谁来读一下？

（教师板书"冰心"，学生读）

师：如果不看注释，你看到"冰心"立刻想到了什么？

生：我立刻想到了谢婉莹，她是一位作家，她的笔名叫冰心。

生：我看过冰心写的《小橘灯》《寄小读者》。

师：现在大家看了注释，一定知道这个"冰心"可不是作家冰心，而是指——

生：像冰一样晶莹、纯洁的心。

师：看来啊，看注释是很重要的。我再问一个，"平明"是什么意思？

生：天刚亮的时候。

师：对，我们现在一般怎么称呼这个时候？

生：黎明。

师：这首诗还提到了几个地方，你发现了吗？

生：芙蓉楼，还有吴和楚山。

师：吴和楚山大概在我国的什么地方？

生：我国的南方，江苏那一带。

师：诗中还写到了一个地方，注释中没有，你发现了没有？

生：洛阳。

师：非常好，"洛阳"的"洛"是本课的生字，看老师来写。（教师边范写边指导书写）这个字的左边是三点水，右边是"各种"的"各"。"洛阳"有人了解吗？

生：我老家就在洛阳，河南洛阳。洛阳在我国的北方。

师：非常好。这一课还有一个生字，我出示图片，大家猜猜是哪个字。

（课件出示图片，学生观察）

生：这是"壶"字，这个图片跟"壶"字太像了。

师：是啊，大家能在这个字中找到壶盖吗？能找到两边的把手吗？能找到底座吗？写这个字啊，就好像画画一样，来，跟老师一起写一写这个字。（教师边板书边指出跟图片对应的地方）看到这个"壶"字，我立刻就想到了它的一个形近字（板书：壳），认识吗？

生：这个字读 ké，"贝壳"的"壳"，"外壳"的"壳"。

生：这是个多音字，还读 qiào，"地壳"的"壳"。

师：很好，"壳"和"壶"确实挺像的。大家看这个"壶"字，其实生活中挺常见的——

（课件出示茶壶、醋壶、油壶、水壶图片，学生读对应的名称，进一步巩固"壶"字）

【在教学环节中，王老师适时指导学生书写"洛""壶"等字，将识字、写字、学词融为一体，训练扎实有效，让学生积累更多的词语。】

师：醋壶就是放醋的，油壶就是放油的，大家猜猜电壶是——

生：通电的。

生：我知道，我回老家时听爷爷说要从电壶里倒水喝，后来我发现他说的电壶就是保温瓶、热水瓶。

师：电壶是陕西、甘肃一带的方言，其实就是保温瓶。大家再想想玉壶是什么？

生：可能是宝玉做的壶。

生：是不是用玉装饰的壶？

师：王老师告诉大家，玉壶比喻人纯洁清白的情操。

【利用注释理解古诗意思是学习的好方法，从三年级上册开始出现，教材给出的注释是从通常意义上考虑的，还有一些注释是字面上的解释，学生在理解的时候如果只是简单地代入，有时会出现不通顺的情形。对此王老师的处理方式是引导学生活用注释，或将注释根据理解需要加以改动，以便让学生正确理解诗句的意思，通过活化运用，真正形成和提高了学生学习古诗词的能力。】

任务三：借助资料理解深意，关联诗句体会情感

活动一：关联诗句，体会"孤"字蕴含的情感

师：同学们，诗歌往往都会抒发作者的情感，大家读一读这首诗的一、二行，看看你体会到了什么样的情感。

（学生自由读一、二行诗，感受诗句中的情感）

生：我体会到了孤独。第二行写的是"平明送客楚山孤"，最后一个字就是"孤独"的"孤"。

师：是啊，这个"孤"确实表达着作者的心情，你还知道哪些带有"孤"字的诗句？分享给大家。

生：孤舟蓑笠翁，独钓寒江雪。

生：僵卧孤村不自哀，尚思为国戍轮台。

师：是啊，读着这些诗句，我们是能感受到诗人的心情的。在这首诗中，作者为什么会有孤单、孤独的感觉呢？你在读这两行诗的时候有没有发现？

生：诗中说了送客，就是要把自己的朋友送走了。因为他的朋友要离开，没有了亲人、朋友在身边，他就感到非常孤独。

师：从"孤"字我们能够体会到诗人的感受和心情，其实，古诗还可以借助景物来表达自己的心情和感受。大家再读读这两行诗，看看读到哪种景物时，你也感受到了作者的心情。

生：我从"寒雨"感受到了作者的心情。一直下着雨，而且是寒雨，有一种孤独、寂寞的感觉。

生：我从"夜"也感受到了作者的心情不是很好，夜是黑暗的，看不到光明的。

生：也说明他看不到希望，有些茫然。

师：漆黑的夜里，还下着冰冷的雨，作者的心情可想而知，相信大家也都感受到了。谁能带着此刻诗人的心情，来读一读这两行诗？

（多名学生朗读，教师相机点评指导）

活动二：诵读诗句，体会寓情于景的写法

师：不仅是王昌龄，很多诗人都善于通过景物来表达当时的心情，一开课我们就背过高适的《别董大》，大家再读读这首诗，看看从这首诗中的哪种景物，你也感受到了诗人的心情。

（学生齐读《别董大》）

生：我从"雪纷纷"能感受到作者的心情。

生：我从"千里黄云"能感受到作者的心情。

师：是啊，浮云暗黄，北风呼呼，大雪纷纷，让人有一种凄凉的感觉。作者就是通过某种景物表达了某种心情。我们再看一首诗，大家先自己读一读——

（课件出示《夜雨寄北》，学生朗读）

生：我从"雨"字感受到了作者的心情，这首诗中"雨"出现了好几次。

师：第一次出现是——

生：巴山夜雨涨秋池。后面还写到了"却话巴山夜雨时"。

生：我从"夜"字也感受到了作者的心情。

师：咱们把这首诗再来读一读——

（学生齐读这首诗）

【这一任务设计，王老师在学生熟读诗文的基础上，引导学生通过关键词句体会作者的情感，在体会的过程中，并不囿于这一首诗，而是将表达上有异曲同工之妙的诗句整合在一起，在比较与统整中，加深学生对诗句的理解。】

活动三：借助资料，感受诗人的一片冰心

师：同学们，刚刚借助关键字，借助景物，我们已经感受到了诗人的心情。不过，大家再读读后两行诗，你一定会对这种"孤独"之情有新的理解。下面就请大家读读后两行诗。

（课件出示后两行诗，学生自读思考）

师：诗人感到孤独，还有什么原因呢？谁有新的发现？

生：前面说了"寒雨连江夜入吴"，这里说的是"洛阳亲友如相问"，看来作者跟他的亲友不在一个地方，他的身边没有亲友，所以就很孤独。

师：是啊，作者在吴地，刚刚大家说了，在江苏镇江，而他的亲友在哪里？大家看着这幅地图，在上面找一找。

（学生看地图，找到镇江和洛阳，感受两地相隔距离之远）

师：不仅距离远，那个时候的交通呢？

生：那时候的交通很不方便，最快的就是骑马，要见一次面是不容易的。

师：是啊，作者一个人独在异地，心里自然会感到孤独。大家对诗中的"孤"有了更深层的理解，很好。我们再来读读这两行诗——

生（齐）：洛阳亲友如相问，一片冰心在玉壶。

师：诗人一个人在吴地，而他的亲人朋友都在洛阳，离得那么远。"洛阳亲友如相问"，想想看，他们会怎样问候诗人呢？

生：你最近过得好不好？

生：你最近的身体可好？你的心情怎么样？

生：你工作顺利不顺利？有没有新的朋友？

生：你在那边有没有生病？身体好不好？

生：你最近身体可还健康？有没有遇到什么困难？

师：面对亲友的各种问候，诗人都没有回答，他只说了一句话，也就是他最想说的一句话，我们一起读——

生（齐）：一片冰心在玉壶。

师：诗人为什么不说身体情况，工作如何，而只强调"一片冰心在玉壶"呢？到底发生了什么事？来，我们看一段资料。

> **｜ 课件出示 ｜**
>
> 　　这首诗大约作于天宝元年（742），王昌龄出为江宁（今江苏南京）县丞时。王昌龄开元十五年（727）进士及第；开元二十七年（739）远谪岭南；次年北归，自岁末起任江宁丞，仍属谪宦。

师：这段资料里面有一个字特别不好读，谁知道这个字（指向"谪"字）怎么读？

生：这个字读 zhé，李白曾被称为"谪仙"。

师：我请一位同学来读"谪"的注释。

> **｜ 课件出示 ｜**
>
> 　　谪（zhé）：封建时代把高级官吏降职并调到边远地方做官。

（一学生读）

师：诗人王昌龄远谪岭南，你能想象此时他的心情吗？

生：他会非常悲伤。

生：他可能还非常气愤。

师：王昌龄之所以心情不好，悲伤、气愤，并不单纯是因为被贬，还有其他原因呢。我们再来看一段资料——

┃ 课件出示 ┃

在《唐诗纪事》中，有人说王昌龄为人孤寂，这很容易被视为骄傲自大，目中无人，在当时那样一个政治腐败、风气不正的时代，这样的人很容易被中伤以至被诬陷。

（学生阅读资料）

师：王昌龄是不是一个骄傲自大的人？

生：不是。

师：他是不是一个目中无人的人？

生：不是。

师：王昌龄为人孤寂，但有人却说他骄傲自大、目中无人，以至于很多人都认为他就是这样的一个人，你能想象他被误解的心情吗？来，我们再来读一读后两行诗——

（学生齐读后两行诗）

师：他不想做太多的解释，他只想说一句话——

生：一片冰心在玉壶。

师：他变了没有？

生：没有，他始终都保持着一片冰心。

师：还记得"冰心"的意思吗？

生：像冰一样晶莹、纯洁的心。注释里就有。

师："玉壶"呢？

生：比喻人纯洁清白的情操。

师：现在谁知道了，他之所以感觉到孤独，不只是因为友人要离开，不只是因为亲友远在洛阳而自己身处吴地，还因为什么？

生：还因为他被贬到了偏远地方。

生：还因为他不被理解，被冤枉，被诬陷。

师：大家的理解非常好，现在，我们再来读读这首诗。

（学生齐读）

师：大家已经体会到诗人的心情了，非常好。这首诗是要求默写的，黑板上的这几个字非常重要，大家先练习写一写，掌握了这几个字的书写，整首诗的默写就不成问题了。

（学生练习书写：寒雨、楚山孤、洛阳、玉壶）

【王老师在这一活动任务中出示了三份资料，搭建了三个支架，一步步引导学生领悟诗句内涵。先是出示地图，展示作者和友人距离之远，这是实际距离造成的"孤"；然后出示作者被贬的资料，这是被贬造成的"孤"；最后出示诗人被人中伤的资料，这是被人冤枉造成的"孤"。层层深入，就像一级级阶梯，使学生逐步深入领会诗句蕴含的情感。】

任务四：拓展相关诗作，展开对比阅读

师：同学们，刚刚我们学习的《芙蓉楼送辛渐》其实并不是一首诗，而是一组诗。

生：我知道了，可能还有一首。

师：对，这首是其一，还有《芙蓉楼送辛渐》（其二），有没有同学读过？我们来读一读吧。

| 课件出示 |

芙蓉楼送辛渐（其二）

［唐］王昌龄

丹阳城南秋海阴，

丹阳城北楚云深。

高楼送客不能醉，

寂寂寒江明月心。

（指名读后全班齐读）

师：我们学习的是"其一"，刚刚读的是"其二"，大家有什么发现吗？

生：顺序不对，应该是先饯行饮酒，然后再送别，好像反了。

生：应该是倒叙的写法吧。

师：大家说得非常好。这两首诗都是王昌龄的作品，都表达着离别的不舍，都用景物表达了心情，刚刚读了这首诗，你发现这种写法了吧？

生：我从"秋海阴"感受到作者的心情是不愉快的。

师：是啊，天气阴沉沉的，很可能就要下雨了，果真，夜晚就下雨了，我们能够想象出诗人内心的难过、郁闷、沮丧。除了"秋海阴"，还有哪些词也让你感受到了诗人的心情？

生：还有楚云深、寒江。

师：同学们，诗人通过景物表达着自己的心情，这样的写法很值得学习，让我们再来读读《芙蓉楼送辛渐》这两首诗，体会体会诗人的心情。

（学生齐读两首诗）

师：同学们，一节课的时间过得飞快，要下课了，王老师留给大家的作业，一是背诵并默写课本上的《芙蓉楼送辛渐》，二是读一读《芙蓉楼送辛渐》（其二）。下课！

【在此任务中，王老师进行了拓展，不仅丰富了课堂内容，还使学生更深入地了解到诗人在诗中所表达的情感。学生在拓展资料与文本对比辨析中感悟到，同一诗人同一组诗同样写送别，但所写景物不同，诗人所表达的感情深度和角度就不一样，两首诗呈现了不同的语言美。王老师不仅引导学生在辨析中进一步理解了古诗的内涵，提升了学生的思辨能力，还在拓展中挖掘了古诗文中所蕴含的丰富的传统文化。】

深度评析

王老师执教的《芙蓉楼送辛渐》这节课，通过归类、对比、拓展送别诗，引导学生学习鉴赏了送别诗，了解了送别诗的意象，体会了送别诗的情感，充分体现了《课程标准》"课程目标"中提到的"具有正确、规范运用语言文字的意识和能力，能在具体语言情境中有效交流沟通；感受语言文字的丰富内涵，对国家通用语言文字具有深厚感情"。实为一节好课，很值得学习。

一、层层推进，让学生学得扎实

在整个教学设计中，王老师从读准字音、理解词语意思开始，到领会诗句意思、体会作者情感，一步一个脚印，使学生学得扎实。中高年级字词教学的一个重要任务是将生字教学和词语教学相结合，丰富学生的词汇积累。在学习过程中，王老师适时对本课要求会认、会写的字进行指导，将识字、写字、词语理解和积累融为一体，取得了很好的效果，真正落实了《课程标准》"语言文字积累与梳理"学习任务群第二学段中"在真实的语言文字运用情境中独立识字与写字，初步梳理常用汉字形、音、义之间的联系"的要求。

二、抓住关键，能做到提领而顿

弱水三千，只取一瓢饮。王老师先是抓住题眼——"送"，回顾了《别董大》《晓出净慈寺送林子方》《送元二使安西》《赠汪伦》《黄鹤楼送孟浩然之广陵》等送别诗，唤起学生的学习经验，理解诗题的意思。同时，在对比、整合中加深了学生对诗歌情感的体会，还让学生初步认识了"这一类"诗歌的特点。然后王老师抓住诗眼——"孤"来引导学生层层品析。从友人离别、离家遥远到被贬、被人误解，抽丝剥茧，引导学生步步深入理解"孤"的不同含义，使学生对作者的情感体会更加深刻。通过对关键词句的感悟品析、联想想象，学生在感受文字独特魅力、进行审美鉴赏的同时，丰富了阅读送别诗的经验，获得了个性化的审美体验。

三、适时拓展，注重积累与表达

除上课伊始引入几首送别诗外，在引导学生深刻感受诗句蕴含的情感后，适时引入《别董大》、《夜雨寄北》、《芙蓉楼送辛渐》（其二），引导学生发现这些诗在表达上的异曲同工之妙——借景抒情，在欣赏和评价中，感悟作品的思想内涵和艺术价值，提高审美品位，并且运用课堂上学习的方法领会作者情感，做到了学以致用。

由王老师的这节课我们可以看到中年级古诗教学与低年级古诗教学的不同。低年级古诗教学注重的是多读多背，而且要体现趣味性，在快乐的氛围中通过想象来理解诗句的意思，感受语言的优美，潜移默化地进行积累与运用。中年级则是加大了难度，要在诵读古诗时进行情感体验，展开想象领悟诗文大意。王老师非常清楚这些学段要求。这就要求我们老师要认真解读教材，根据学情设置适合自己风格的课堂教学。

整节课王老师能定准自己的位置，始终把自己放在学生的后边，设置一个真实的语言情境，引导学生进行积极思考，先让学生来讨论、交流，难点之处再站出来做引导，充分体现了教师的主导性。这是值得我们很多老师学习的地方。

建　议

整节课感觉有些太满了，但每个环节都环环相扣，去掉哪个环节都觉得好可惜。是否可以在导入部分做一些修改，入题再快一些，这样是不是可以让后边的环节落实得更扎实一些呢？

探究表达秘妙　习得表达方法

——《夏天里的成长》教学实录

（统编版小学语文教材六年级上册）

教学过程

任务一：回顾生活经历，畅谈成长感受

师：同学们，请看黑板，王老师在黑板上写了一个词语，谁来读一读？

生：成长。

师：我们现在是六年级，是人生的重要阶段，回想自己的成长经历，如果让你用一个词来形容一下成长，你会说是什么样的成长？

生：我的成长是快乐的成长。

生：我的成长是幸福的成长。

师：那如果说到夏天里的成长，你会想到什么词？

生：我想到的是迅速的成长。

师：就是说速度特别快。

生：夏天的成长是活生生的。

生：是看得见的成长。

师：我发现你们说的词都来自一句话，我们一起读读这句话。

｜课件出示｜

> 夏天的长是飞快的长，跳跃的长，活生生的看得见的长。

55

（学生齐读）

师：现在再让大家说说夏天的成长，你还会怎么说？

生：飞快的长。

生：跳跃的长。

师：谁能说说跳跃的长是什么感觉？

生：就是突然长了起来。

生：我觉得跳跃的长就是猛长。

师：他用了一个词叫"猛长"，就是特别迅猛，很好。今天，我们要学习的课文就是《夏天里的成长》，让我们一起读课题。

（教师完成课题的板书后，学生齐读课题）

【开课伊始，王老师就引出对"成长"一词的交流，直奔主题，引起了学生学习的兴趣，为学生对"成长"的深度认识做好了铺垫。】

任务二：丰富词汇积累，厘清表达顺序

活动一：认读词语，积累农谚

师：夏天里的成长到底是什么样的？都有哪些事物在成长？接下来就请同学们来读课文，注意读准字音，读通句子，同时注意，拿出笔，边读边勾画出作者写到的夏天里成长的事物，如果能够标出序号来那就更好了。

（学生自读课文，思考勾画相关词句）

师：我们班的同学很会学习，不仅坐姿端正，而且能够及时勾画出相关的词语来。带着思考阅读，不动笔墨不读书，这个习惯非常好。我们来交流交流，首先看看字音是不是读准了。第一组词语，谁来读一读？

| 课件出示 |

增加　缝隙　谚语

（指名读，教师及时正音）

师：读得很好！最后一个词是"谚语"，谁能给大家说上一条谚语？

生：课文中就有谚语呢，比如"六月六，看谷秀"，还有"处暑不出头，

割谷喂老牛"。

师：非常好，这就是谚语，而且是农家的谚语。我们再来读一读这两条农谚。

（学生齐读）

师：你还知道哪些农家的谚语？

生：清明前后，种瓜点豆。

生：瑞雪兆丰年。

师：说得很好，王老师也为大家提供了几条农谚，我们一起来读一读。

> **┃ 课件出示 ┃**
>
> 冬天麦盖三层被，来年枕着馒头睡。
>
> 春分前好布田，春分后好种豆。
>
> 三春不如一秋忙，收不到屋里不算粮。

（学生齐读）

师：大家发现了吧，这些农谚都是和季节相关的！我说秋天，你会读哪一条农谚？

生：三春不如一秋忙，收不到屋里不算粮。

师：我说冬天呢？你读——

生：冬天麦盖三层被，来年枕着馒头睡。

师：我说春天呢？

生：春分前好布田，春分后好种豆。

师：大家在读的过程中可能已经发现了，农谚读起来很顺，朗朗上口。

活动二：借用词语，厘清脉络

师：我们再来读一读下面这几个词语——

> **┃ 课件出示 ┃**
>
> 苔藓 瀑布 铁轨 菜畦 甘蔗 柏油路

（指名多位学生认读，相机正音）

师：大家发现了吧，这六个词语是可以分两类的，可以分为哪两类呢？

生：苔藓、菜畦、甘蔗是一类，它们都是植物。

生：瀑布、铁轨、柏油路是一类，它们都是没有生命的事物。

师：非常好，那下一类是什么呢？我们来读一读这几个词语。

| 课件出示 |

小猫　小狗　小鸡　小鸭

生：它们都是有生命的，都是动物。

师：大家发现这一组词语的呈现方式有什么特别之处吗？

生：词语之间没有空距，挨得很紧。

师：是啊，想想看，读的时候可以怎么读？

（学生尝试读，连起来读）

师：现在我们一共读了几个描写事物的词语啊？

生：10个。

师：课文中写到的事物可不止10个，刚刚大家也都勾画出来了，说说看，你勾画了多少个？

生：我刚才勾画了14个。

生：我勾画了16个。

生：我勾画的有20个。

师：夏天里成长的事物多不多？

生：太多了。

师：是啊，确实多，这么多的事物出现在一篇课文中，不是很容易写乱了吗？刚刚你读了这篇课文，你觉得表述乱不乱？

生：不乱。

师：秘密在哪里呢？

生：课文写到的所有事物的成长，其实都是围绕一句话来写的，就是开头的这句话："夏天是万物迅速生长的季节。"

师：是啊，课文围绕一个意思来写，所以就不容易乱了，让我们再来读读这句话——

生（齐）：夏天是万物迅速生长的季节。

【此任务中的两项活动"认读词语，积累农谚"和"借用词语，厘清脉络"，看似仅是对词语和课文内容的梳理，其实通过认读词语拓展了农谚，又借助词语分清了类别，为后边的学习做了铺垫。】

任务三：习得写作方法，丰富表达经验

活动一：品味用词之妙，在朗读中积累语言

师：同学们，课文第2自然段也是围绕一个意思来写的，大家读读这一自然段，看看整段话是围绕哪句话来写的。

（学生思考，勾画句子）

生：我发现这段话是围绕这句话来写的："生物从小到大，本来是天天长的，不过夏天的长是飞快的长，跳跃的长，活生生的看得见的长。"

师：掌声送给他，不仅找得准确，朗读得也非常好。大家看，这位同学朗读时不仅有手势，还带着表情，多好啊！谁再来读读？

（一学生再读，带着跳跃的动作读，其他学生听后大笑，鼓起了掌）

师：我必须得说一下了，幸亏作者写的是跳跃的长，如果作者写的是打着滚儿的长，翻着跟头的长，我估计——

生：他可能就做这样的动作了，像耍杂技的一样。

师：说得有道理。同学们，这句话是这个自然段的中心句，整段话都是围绕这句话来写的，作者都写到了哪些生物的生长呢？谁来读读相关的句子？

生：你在棚架上看瓜藤，一天可以长出几寸；你到竹子林、高粱地里听声音，在叭叭的声响里，一夜可以多出半节。

师：说说看，这句话中作者写了哪些事物？

生：作者写了棚架上的瓜藤、竹子林、高粱地。

师：很好！作者在这里说瓜藤一天可以长出"几寸"，我想问一个数学问题，一天假如长两寸，两天长几寸？三天、四天后长到了几寸？

生：两天长四寸，四天就长到了六寸。

（其他同学哈哈大笑）

师：大家笑什么呢？

生：他算得不对，到了第四天，就长到八寸了。

师：什么感觉？生物在夏天里长得——

生：长得真快！

师：这就是夏天的成长。读这个句子时，大家有没有发现前后是有联系的？你看，前面写到了棚架上，后面就写到了——

生：竹子林、高粱地。

师：那如果老师读的是"看瓜藤"，你就可以读——

生：听声音。

师：我读"一天可以长出几寸"，你读——

生：一夜可以多出半节。

师：我读"长出几寸"，你读——

生：多出半节。

师：作者的语言表达很有特点，我们要多读读，把它积累下来。

（学生朗读这句话，进行积累）

【该活动环节，王老师引导学生抓住"长"，加上动作、神态等读出情感，读出跳跃，读出速度，让我们想起了开课之初的练习，看似无意的设计，却在这里得到了有效的体现。】

活动二：丰富感受方式，在表达中习得写法

师：同学们，这句话中出现了一个"看"字，一个"听"字，看和听都是我们观察世界，感受成长的途径，其实不仅棚架上、竹子林、高粱地可以看，可以听，还有很多地方也是可以通过看和听去感受夏天里的成长的。有些地方不只是可以看，可以听，甚至还可以用鼻子闻一闻。现在，我们就来到了花丛中，你可以怎样感受这里的成长呢？

生：用鼻子闻。

师：那如果来到的是果园呢？

生：也可以用鼻子闻。

生：还可以用嘴巴尝一尝，光闻可不解馋。

师：如果要感受菜园里的成长呢？

生：可以看，可以听，还可以闻，也可以吃。

师：我们来看看这四幅图，如果仿照课文中的写法，你会怎样去感受这里的成长呢？会怎样围绕成长的快来进行表达呢？大家可以从四幅图中任选一幅图来写。

（课件出示四幅图，学生动笔写）

师：写好的同学，我们一起来分享分享。

生：你到菜园里看黄瓜，一天可以长长一大截；你到田地里看黄豆，在啪啪的声响里，一天可以炸裂很多豆荚。

生：你到花园里看太阳花，一天可以开放几十朵；你到果园里看桃子，一天可以红一大片。

生：你到菜园里看辣椒，一天可以红几十个；你到果园里看西瓜，一天可以成熟一大堆。

师：说得很好，我们感受到了这快速的成长，这就是夏天的成长，飞快的长，跳跃的长，活生生的看得见的长。

【本单元是习作单元，这篇文章又是习作单元的第一篇精读课文，它所承载的任务就是教给学生写作的方法。该活动的读写训练体现了习作单元的特点，不仅完成了普通单元精读课文的教学任务，还将阅读指向写作，为后期的单元习作做了铺垫。】

活动三：适度进行拓展，在交流中优化表达

师：同学们，我们再读读下面这句话，你一定还能感受到夏天的成长之快。

| 课件出示 |

昨天是苞蕾，今天是鲜花，明天就变成了小果实。

生：这句话中有三个时间词，能让我们感受到成长之快。

师：哪三个时间词？

生：昨天、今天、明天。

师：真好。除了昨天、今天、明天，再往后数还有哪一天？

生：后天。

师：再往后数一天。

生：大后天。

师：对呀，咱们往前数，昨天的前面是——

生：前天，再往前就是大前天。

师：大家想一想，今天是鲜花，明天是小果实，那后天呢？

生：大果实。

师：大后天呢？

生：可以吃了。

（全班大笑）

师：请你连起来说一说。

生：昨天是苞蕾，今天是鲜花，明天就变成了小果实，后天变成了大果实，大后天都可以吃了。

（学生高兴地表达着，全班听后大笑）

师：咱们往前数一下，今天是鲜花，昨天是苞蕾，那前天，大前天呢？

生：前天是那个小嫩芽，大前天是种子。

生：今天是鲜花，昨天是苞蕾，前天是幼芽，大前天是种子。

师：谁再来试试看？可以用不同的语言来表达，比如说种子，我们就可以说在泥土中睡觉。谁来试试？

生：大前天它还睡在泥土中，前天就长出了嫩芽，昨天是苞蕾，今天是鲜花，明天就变成了小果实，后天变成了大果实，大后天就可以采摘了。

生：大前天它还躺在泥土中，前天就迫不及待地长了出来，昨天是苞蕾，今天是鲜花，明天就变成了小果实，后天它就变得更加圆润，大后天就可以供人们享用了。

师：学语文就是这样的，一定要边学边用，尤其在学习作单元的时候，我们要学习作者的表达方法，进行练习。通过刚才的表达实践，我们更进一步感受到了万物生长——

生：太快了。

师：是啊，就是课文中的这句话——

生（齐）：夏天是万物迅速生长的季节。

师：整篇课文就是围绕这句话写的。课文第2自然段又是围绕着"生物从小到大，本来是天天长的，不过夏天的长是飞快的长，跳跃的长，活生生的看得见的长"这句话来写的，围绕一个意思来表达，能够让读者的印象更加深刻。

【此处的拓展给学生后期的练笔加了一个小坡度，不仅让学生在轻松愉悦的环境中进行了语言文字的训练，还紧扣习作单元训练要素，让学生通过自主学习，自主探究去发现表达的密码，真正理解了"围绕一个意思来表达，能够让读者的印象更加深刻"。】

活动四：聚焦标点使用，引导有创意的表达

师：夏天的生物确实是飞快的长，跳跃的长，活生生的看得见的长，这些生物不仅包含刚刚我们说到的瓜藤、竹子、高粱，还有哪些呢？大家找到了吗？谁来把句子读给大家听听。

| 课件出示 |

　　一块白石头，几天不见，就长满了苔藓；一片黄泥土，几天不见，就变成了草坪菜畦。邻家的小猫小狗小鸡小鸭，个把月不过来，再见面，它已经有了妈妈的一半大。

（多位学生朗读）

师：这段话大家读好几遍了，在读的过程中有没有发现什么问题？

生：是不是作者写错了，还是印刷的时候出错了，"邻家的小猫小狗小鸡小鸭"这句话里，写了几种动物，但是之间没有用顿号。

师：是啊，这句话的标点符号使用确实有点奇怪，一般来说这几种动物之间应该加上顿号，可是这里什么标点都没有用，你觉得可能会是什么原因？

生：会不会是想让我们读得快一些，别停顿。

生：对，不停顿就快了，就突出了夏天里成长的快速。

师：说得特别好，你来试着读一读吧！

（几位学生练习朗读）

师：还不够，你们几位可以学学前面那个男孩，加点手势呀，帮助一下自己，让自己读得更快一些。

（学生再读，加上手势，语速加快）

师：夏天里生物的成长确实很快，作者写得很好，大家想想：还会有哪些生物的成长也很快？我们仿照这段话来写一写，注意一定要围绕一个意思，那就是生物成长之快。老师为大家提供了几幅图片，帮助大家思考。

（课件出示图片以及句式，学生进行表达练习）

师：我们来分享分享吧！

生：田里的一片甘蔗，个把月不过来，已经长得比我都高了。

生：邻家的小猪小鹅小牛小羊，个把月不过来，再见面，它们已经比妈妈大出一圈。

生：邻家的小猪小羊小鹅小奶牛，个把月不过来，再见面，它们已经能活蹦乱跳地撒欢了。

生：田里的柿子黄瓜辣椒，个把月不过来，再去看时，都已经不见了，原来已经进到菜市场了。

生：田里的红高粱，个把月不过来，再见面，它们已经从稚嫩小孩儿变成了活泼的青年。

师：这就是夏天的成长。我又想起了那句话："夏天是万物迅速生长的季节。"作者围绕着这句话，不仅写到了植物，还写到了动物以及其他的事物，当然，还写到了人，那么作者后面是怎样写的？我们下节课继续学习。最后老师留给大家两项作业：一是搜集更多的农谚，积累下来；二是大家可以感受感受冬天，写写冬天的乐趣，注意从不同的角度围绕一个意思来写，同时注意语言表达要有变化。下课！

【在看活动四的设计内容之前，我们需要回顾之前认识字词的环节，此时有种豁然开朗之感，明白了为什么要把"小猫小狗小鸡小鸭"这些词语连起来读了，真正做到了习作单元的单元特点——前后关联，环环相扣，同时，这也是该课课堂教学的一个亮点。】

深度评析

叶圣陶先生曾说："语文教材无非是个例子，凭这个例子要使学生能够举一反三，练成阅读和作文的熟练技能。"习作单元"教什么、怎么教"？学生"学什么、怎样学、学到什么程度"？王林波老师执教的课例《夏天里的成长》清楚地为我们进行了诠释。

一、教学目标明确，内容安排有序

一些一线教师只知道一节课一节课稀里糊涂地上课，却不太清楚每一节课上课的目的。教学目标的设定要能体现教材单元编排意图，要体现出单元语文要素，要落实课后习题提出的要求。

《夏天里的成长》一课是统编小学语文教材六年级上册第五单元第一课，是一篇精读课文。这个单元是一个习作单元，其单元教学目标指向习作能力的培养，单元语文要素是"体会文章是怎样围绕中心意思来写的"，习作要求是"从不同方面或选取不同事例，表达中心意思"。这一课主要引导学生体会课文从不同方面表达中心意思的写法。文中"夏天是万物迅速生长的季节"是中心，围绕中心描写了动植物的生长，山河大地、铁轨柏油路等事物的"长"，以及人的成长。课后安排了两道题："默读课文，找出中心句，说说课文是怎样围绕这句话来写的。""第 2 自然段写出了生物在夏天里飞快生长的状态。读一读，说说写到了哪些动植物，是怎样体现这一段的中心意思的。"王林波老师在执教《夏天里的成长》一课时紧扣单元语文要素，紧密结合课后习题展开教学，先是以"成长"为话题展开交流，揭示课题后认读词语，厘清课文脉络；后又聚焦课文第 2 自然段学习表达，继而习得写作方法。整个过程清晰有序，目标明确，既有基本知识的扎实训练，又凸显了习作方法的学习。

二、回归语文本质，训练学生能力

语文教学到底应该教些什么？《课程标准》中有这样的描述："语文课程

应引导学生热爱国家通用语言文字，在真实的语言运用情境中，通过积极的语言实践，积累语言经验，体会语言文字的特点和运用规律，培养语言文字运用能力。""语文课程致力于全体学生核心素养的形成与发展，为学生学好其他课程打下基础；为学生形成正确的世界观、人生观、价值观，形成良好个性和健全人格打下基础。"王林波老师的课堂，在回归语文本质、训练学生能力方面上有几点很值得学习。

（一）谚语的积累

王老师在课堂上引导学生认读词语时，并不是简单地认读，而是拓展了许多相关知识。比如理解"谚语"一词，"谚语"是指广泛流传于民间的言简意赅的短语，多数谚语反映了劳动人民的生活实践经验，而且一般是经过口头传下来的，它多是口语形式的通俗易懂的短句或韵语。对于这个词语的学习学生已经有了一定基础，教学过程中王老师由本课出现的谚语，拓展到学生已知的谚语，继而补充新的农谚，并联系生活实际，练习其运用。这是对中国优秀传统文化的传承，让学生了解了更多的中国传统文化知识。

（二）厘清脉络

在"借用词语，厘清脉络"这个环节中，王老师引导学生由勾画出的事物，关联出开头的中心句"夏天是万物迅速生长的季节"，让学生明白课文写到的所有事物的成长，其实都是围绕一句话来写的，突出了"立意"的价值，让学生明白写文章时要"围绕中心意思从不同方面来写"。

（三）语言的积累

《课程标准》中提到，"语言文字积累与梳理"学习任务群"旨在引导学生在语文实践活动中，积累语言材料和语言经验，形成良好语感"。重视语言积累是学习语文的基本途径，教学中王老师在这方面引导得很是明显。比如对"你在棚架上看瓜藤，一天可以长出几寸；你到竹子林、高粱地里听声音，在叭叭的声响里，一夜可以多出半节"这句话的学习，王老师抓住"几寸"这样一个关键词语从数学的角度让学生体会作者语言表达的特点，帮助学生感悟生物的成长迅速，并通过不同形式的引读让学生反复诵读。琅琅的读书声，创设了语文氛围，让学生更喜欢学习语文，更喜欢上这样的语文课。

（四）方法的习得

教学中小练笔的设计让学生学以致用。王老师在引导学生学习表达有特点的句子的基础上，继续引导学生联系生活实际，从视觉、听觉、嗅觉、味觉几方面感受夏天里的成长。进行练笔时王老师出示四幅图，让学生仿照课文中的写法，感受这里的成长并围绕成长的快来进行表达。这样设计拉近了课堂与学生的生活，让学生有话可写，潜移默化中让学生学会掌握、运用"围绕中心意思从不同方面来写"这一写法。这样的教学润物细无声。

（五）创意表达

对于文章的理解，王老师深入解读教材，聚焦标点符号引导学生体会夏天里成长的迅速。比如对"一块白石头，几天不见，就长满了苔藓；一片黄泥土，几天不见，就变成了草坪菜畦。邻家的小猫小狗小鸡小鸭，个把月不过来，再见面，它已经有了妈妈的一半大"的学习，这个环节里有朗读，有质疑，有分析，有仿写。在多种角度的学习中，学生有感而发，体会到夏天里生物的成长确实很快。王老师关注了细微之处，通过适当的方法引导学生进行品味、感悟、体验，使学生真正走进了文本世界。

三、学生自主学习，个性得以发展

"体会"是指个体对亲身经历的事物或事件的体验领会，多以个体本人为中心，个体处在主动地位。单元语文要素中出现了"体会"这一词语，但是其具体方法是什么呢？这个就需要认真揣摩。学生是学习的主体，在教师循序渐进的引导中，学生的发现、感受是课堂上最宝贵的生成。王老师紧紧抓住这些课堂生成，从词语的理解、句子的朗读、练笔的训练等多个方面创设学习情境，学生则在不断的实践中进行"体会"。探究的过程就是成长的过程、积累的过程，课堂上全身心地融入学习，也是"体会"的一部分。

授之以鱼，不如授之以渔。王林波老师在教学中注重课文的文本教学价值，语文要素的落实以多种形式呈现，避免了概念化、标签式的讲解和机械化训练，这样让语文教学更有效。

📋 建　议

　　《夏天里的成长》是统编教材六年级上册习作单元的第一篇精读课文。本单元紧紧围绕"体会文章是怎样围绕中心意思来写的"这条主线，安排了精读课文、交流平台、初试身手、习作例文和习作内容。一条线，五个板块，主题鲜明，但功能不同。精读课聚焦在习作能力方面，引导学生重在习作方法的学习；交流平台与初试身手引导学生联系以往的学习经验，总结、梳理出精读课文中学到的方法，并尝试运用方法初步练习；习作例文引导学生通过阅读例文和批注，加深对该方法的体会；单元习作则是实践综合运用方法的具体体现。每个环节，环环相扣。这节课王老师也关注到了习作单元的编写特点，落实的时候也做到了读写结合，为单元习作做好了铺垫，但在五个板块的前后关联度上体现得还不够明显，如果能做到前后关联，体现单元整合就更好了。

第二辑

实用性阅读与交流

学习任务群的教学

运用阅读策略　提高阅读速度

——《冀中的地道战》教学实录

（统编版小学语文教材五年级上册）

📑 **教学过程**

任务一：观看影视片段，初步了解地道战

师：同学们，今天上课前王老师先请大家来看一个短片。

（课件播放《地道战》电影片头歌曲，学生观看）

师：短片看完了，有没有哪个画面让你印象特别深刻？

生：我印象深刻的是，人民群众团结一心，所有人一起打击日本鬼子。

生：我看到这里的地道很多，到处都是，出口很隐蔽，敌人很难发现。

生：我看到民兵从地道里钻出来消灭敌人的时候，敌人还没反应过来，太爽了。

师：这种特殊的战斗方式，大家知道叫什么吗？

生：地道战。

师：非常好，今天我们要学习的课文就跟地道战有关。看到"地道战"三个字，你有什么问题想问吗？

生：我想问地道战是什么？在地道里可以打仗吗？

师：是呀，在地道里可以打仗吗？

生：为什么要进行地道战呢？

生：在地道里怎样观察到地面上的敌情呢？

生：人们在地道里面怎么联系呢？

师：大家提出了不少问题，都很有价值。今天我们就来学习这篇课文，来解决我们提出的问题。这篇文章完整的题目是——

生：冀中的地道战。

师：看老师写第一个字"冀"，这个字笔画特别多，不好写，要注意每个部分都写得小一些，整个字写得紧凑一些。

（教师板书课题后学生齐读课题）

【这篇文章的时代背景离学生较远，王老师为了拉近时代距离，在开课伊始，播放《地道战》电影，让学生直观认识地道。这样做既激发了学生的学习兴趣，又进行了革命传统教育，消除了学生对地道战的陌生感，为该单元"提高阅读的速度"这一学习目标做好铺垫。】

任务二：运用已学策略，提高阅读速度

活动一：紧扣交流平台，发现阅读策略

师：学习一篇课文，首先要把课文中的字音读准确，句子读通顺。接下来就请同学们来默读课文，注意读准字音，读通句子，开始吧。

（学生默读课文，教师巡视）

师：好，读完的同学可以抬头看看大屏幕上的计时器，看一下你用了多长时间，可以把这个时间记录到书上。好，谁读完了请举手，告诉大家你用了多长时间。

生：1分24秒。

生：我用了1分20秒。

生：我是1分42秒。

生：我是1分30秒。

师：同学们读书的速度还是挺快的，效果怎么样呢？来，我们看一看这几个词语，你能不能读准音？

> **┃ 课件出示 ┃**
>
> 侵略军　大扫荡　堡垒
>
> 封锁墙　封锁沟　子口

（指名多人读后齐读词语）

师：这里提到的封锁墙、封锁沟，大家见过没有？

生：没有。

师：虽然我们不理解，但是没有关系，即使我们遇到了不理解的词语，也不影响我们阅读的速度。大家看，交流平台就这样写道：

> **┃ 课件出示 ┃**
>
> 　　遇到不懂的词语，在不影响理解课文内容的情况下可以先不管它，继续往下读。

（学生齐读）

师：来，我们试试这个办法，读一读下面的这两段话，刚刚那几个不理解的词语，可以先不管它。

> **┃ 课件出示 ┃**
>
> 　　1942 到 1944 那几年，日本侵略军在冀中平原上"大扫荡"，还修筑了封锁沟和封锁墙，十里一碉，八里一堡，想搞垮我们的人民武装。
>
> 　　为了粉碎敌人的"扫荡"，冀中人民在中国共产党的领导下，创造了新的斗争方式，这就是地道战。

（学生快速自由读）

师：同学们读的速度确实快多了，但可不能只求快，还得有效率才行。我来问问大家，这里提到的"大扫荡"是什么时候的事情？

生：1942 到 1944 那几年的事情。

师：这里提到了一种新的战斗方式，叫什么？

生：地道战。

【王老师时刻紧扣"提高阅读的速度"这一学习目标，从读第一遍课文就开始进行计时训练。接着，学习词语时，又渗透了"遇到不懂的词语，在不影响理解课文内容的情况下可以先不管它，继续往下读"这一阅读方法，有效地将本单元交流平台的内容与课文有机地结合起来。】

活动二：回顾已学方法，运用策略阅读

师：同学们，我们来回顾回顾，在学习这个单元的前三篇课文时，我们都学到了哪些提高阅读速度的方法？

生：《搭石》那一课，我学到的方法是集中注意力，遇到不懂的词语不要停下来，不回读。

生：我学到的是连词成句地读，不要一个字一个字地读。这是从《将相和》学到的。

生：从《什么比猎豹的速度更快》这一课，我学到的是借助关键词句迅速把握课文内容。

师：非常好，不回读，连词成句地读，借助关键词句都能帮助我们提高阅读速度。下面就请同学们再来读读这篇课文，注意用上刚刚说到的提高阅读速度的方法。我们来计一下时，看看这次读完课文，你用了多长时间。

（学生再读课文，记录阅读时间）

师：好，读完的同学可以举手了，说说你的阅读速度。

生：我这次用了 1 分 24 秒，刚才用了 1 分 56 秒。

生：我之前是 1 分 20 秒，现在只用了 1 分零 2 秒。

生：我原本是 1 分 43 秒，现在用了 1 分 10 秒。

师：速度确实快了，值得表扬。

【该环节王老师让学生进行了第二遍的阅读，这一遍的阅读要比第一遍的阅读目标更加清晰，而且有效地借助了从之前三篇课文学习到的提高阅读速度的方法，学以致用，以此提高阅读效率。】

活动三：及时反馈评价，梳理所获信息

师：同学们，阅读速度提高了是好事，效果怎么样呢？我来考验一下大家。这两个词，谁会读？

（学生认读词语）

师：如果要了解子口是什么，了解迷惑洞是什么样的，我们应该读哪个自然段？

生：应该读第 5 自然段。

师：进入迷惑洞之后有几种情况？

生：要是进了死道的话，那里就会有地雷等着敌人；就算进了活道，他们也过不了关口。

师：那结果会怎样呢？

生：地道里每隔一段就有个很窄的子口，只能容一个人爬过去。这时候只要拿一个大棒，就能把敌人挡住了。

师：这个子口，真可谓"一夫当关，万夫莫开"啊，看来中国人民的智慧真是无限的啊！水攻、火攻、毒气攻，这些方法敌人都用了，但都不管用，如果要了解这些内容，我们应该读哪个自然段？

生：第 6 自然段。

师：非常好，这是这一段的开头一句——

师：读了这一句话，你肯定能猜测到这一段讲的是什么。

生：怎么防止敌人进行火攻、水攻和毒气攻。

师：大家发现没有，这不就是刚才我们说到的提高阅读速度的那个方法吗？

生：抓住关键词句，有助于我们把握一段话的主要意思，有助于我们提高阅读速度。

师：现在让我们快速读一读第 6 自然段，看看写的是不是我们刚刚所说的内容。

（学生快速读这段话）

生：写的就是我们说的内容。

师：看来这个方法很好用啊。

【回看之前的两次计时阅读，教师设计的目的不一样，教学方法也不一样。第一次计时阅读是原始的阅读，考量第一次阅读课文的速度，在此基础上检查字词的掌握情况。第二次计时阅读是在学习交流平台的方法及回顾学习前面三篇课文学到的快速阅读的方法后进行的，让学生有意识地提高了阅读速度。对于"迷惑洞""孑口"的学习，王老师直奔难点部分，让学生在阅读、观察、讨论中，整合有价值的信息，结合文本加深了理解，体现了《课程标准》中"实用性阅读与交流"学习任务群的学习目标。】

任务三：学习阅读策略，实践练习巩固

活动一：结合文中句子，学习阅读策略

师：同学们，刚开始上课的时候，有同学提出了一个问题：在地道里怎样观察到地面上的敌情呢？现在谁能回答这个问题？

生：有两种方法。第一种方法是人们简称的"无线电"，就是当有人发现敌情的时候，就会一个接着一个吆喝起来，一直吆喝到指挥部；第二种方法是"有线电"，一根铁丝牵住一个小铜铃，这儿一拉，那儿就响，就知道敌情了。

师：非常棒！你怎么了解到的？

生：课文第 7 自然段写了。这一段的第一句话写到了这个问题，跟那位同学提出的问题是一样的：人在地道里怎么能了解地面上的情况呢？

师：是啊，带着问题来读，也是一种提高阅读速度的好方法，下面就请同学们自己带着问题读一读第 7 自然段。

（学生快速默读）

活动二：练习运用方法，提高阅读速度

师：说到问题，我想大家一下子就想到了我们在四年级学过的一种阅读策略——提问题。谁还记得我们可以怎么提问？

生：可以根据课文的内容来提问。

师：对，根据内容提问。

生：还可以针对课文的写法、启示来提问。

师：特别棒，会提问才会思考。同学们，课文第 3 自然段中有这样一句话："说起地道战，简直是个奇迹。"如果要提问，你能提什么问题？

生：为什么说地道战是个奇迹？

师：他特别会提问，"为什么说地道战是个奇迹？"这个问题特别好。我们不仅要提问，还要带着问题读，这样阅读的速度也就更快了。现在，大家就带着这个问题来读课文第 3 自然段。

（学生快速默读课文第 3 自然段）

师：我看看大家快速阅读的效果怎么样，谁来说说为什么说地道战是个奇迹？

生：因为在广阔平原的地底下，挖了不计其数的地道，地道的数量特别多。

师：不计其数啊，可见地道怎么样？

生：数量非常非常多。

师：还可以从哪里看出地道战是个奇迹？

生：敌人来了，我们就钻到地道里去，让他们扑个空；敌人走了，我们就从地道里出来，照常种地过日子，有时候还要打击敌人。

师：好像跟敌人在玩游戏。这个游戏的名字叫什么？

生（笑）：捉迷藏。

师：还有补充吗？

生：地道家家相连，村村相通。

生：地道有横的，竖的，直的，弯的，样式很多。

师：难怪课文中写道，说起地道战——

生：简直是个奇迹。

活动三：聚焦写法提问，发现表达秘妙

师：同学们，在读这段话的时候，我们获取了很多的信息，解决了我们提出的问题。带着问题读，我们阅读的速度也更快了。但是可惜的是，刚刚我们提的问题只针对了内容，我们知道，提问还可以是针对写法的。下面我们来读一读课文的第 4 自然段，看看大家能不能从写法的角度提出问题来。

（学生默读第 4 自然段，尝试着提问）

师：好多同学都提出问题来了，特别好，谁来分享一下自己所提的问题？

生："地道有四尺多高"，作者为什么要用列数字的方法来写？

师：特别好，这个同学真的是很会提问，刚才说了写法，他立刻就从写法的角度提出了一个问题，值得表扬。还有谁也提出了问题？

生：我在这一段发现了"一百多种""四尺多高""三四尺""一百来人""二百多人""三五天"等好多数字，作者为什么要写这么多的数字？

师：这位同学，我问问你，你去过冀中平原吗？进过地道战的地道里吗？

生：没有。

师：但是现在你一定清楚地道的高度了，对吧？

生：四尺多高。

师：你之所以知道，就是因为——

生：作者用了列数字的方法。

师：对，列数字还真管用。如果用你学到过的数学知识来换算一下这个"四尺多高"，大概有多少米？

生：三尺是一米，四尺就比一米多了三十多厘米，就是 1.33 米。

师：你有多高？

生：我一米四七，大概到我鼻子下面。

师：你看，我们根本没去过冀中平原，也没进过地道，但是现在却非常清楚地道有多高，这就是列数字这种说明方法的好处。地道里面有多大，能容纳多少人呢？

生：一百来人。

师：我们教室现在坐了多少人？

生：五十多人。

师：大概我们两个教室这么大吧。你看，用列数字的方法，我们一下子就清楚了。不过，大家仔细看看这些数字，看看你有没有什么发现。

（学生自读第 4 自然段，关注段落中的数字）

生：我发现这些都不是很准确的数字。"一百多种""四尺多高""三四尺""一百来人""二百多人""三五天"，没有一个数字是准确的，为什么呢？

师：是啊，为什么呢？大家可以联系第 3 自然段来思考。

生：我知道了，因为这儿的地道非常多，课文中说了，"在广阔平原的地底下，挖了不计其数的地道"，这些地道不可能都是一样的。

生：第 4 自然段也说了，"地道的式样有一百多种"，这么多种，肯定也不一样。

师：现在我们都明白了，谢谢这两位同学。同学们，带着问题读确实能够提高我们的阅读速度。在阅读的过程中，我们不仅要学会带着问题读，还要学会不断产生新问题。

师：冀中的人民太有智慧了，再读第 4 自然段，你读到哪句话的时候有了这样的感受？

（学生默读第 4 自然段，思考）

生："地道的顶离地面三四尺，不妨碍上面种庄稼。"读到这句话时，我觉得他们实在太聪明了，他们知道种的庄稼是要生长的，是会生根的，而且还需要灌溉，所以就特别留出了这样的一个距离——三四尺，这样什么都不影响。

师：说得非常好，还有吗？

生："大洞四壁又挖了许多小洞，有的住人，有的拴牲口，有的搁东西，有的作厕所。"他们分类很清楚，这儿是可以住的，旁边是拴牲口的，再旁边是放东西的，这样互相是不影响的。

生：而且洞里还经常准备着开水、干粮、被子、灯火，在里面住上个三五天不成问题。

师：是啊，即使敌人来"扫荡"了，在这儿蹲守了三天三夜，但有用吗？地道里什么都有啊！

生：就是，有吃的，也有喝的，睡觉还有被子盖，想看书都可以，因为还有灯火呢。

【这部分设计可谓环环相扣，设计巧妙。王老师链接学生已经学过的提高阅读速度的方法，又回顾了四年级学到的阅读策略，巧妙地将已有能力与新的学习结合起来，让方法的学习与运用有迹可循。王老师又让学生针对某部分内容提出关键性问题，并在讨论中解决，在这个过程中学生运用方法的能力逐步提升。尤其是对第4自然段的重点指导更是让人叫绝。王老师针对本段表示数字的词语较多这一特殊的语言表达形式，引导学生抓住关键词，针对写法提出问题，再带着问题去读、去感受，让阅读真正入心入脑。】

任务四：落实语言运用，提升表达能力

师：冀中的人民简直太有智慧了。大家仔细读读这一段，你发现作者还用到了哪种说明方法？

生：应该是举例子。第4自然段写道："就拿任丘的来说吧。"举的例子是任丘这个地方的。

师：非常好！当然了，地道不只任丘有，其他地方也有。作者一举例子，我们一下子就清楚了。还举其他的例子了吗？大家快速读一读这段话，看看你能不能发现。

（学生默读思考）

生：作者还举了个例子：有的老太太把纺车也搬进来，还嗡嗡嗡地纺线呢。在里面也不耽误干活。

师：举这个例子是为了说明什么呢？

生：地道里面不会闷，而且光线还挺好。课文中写道："洞里有通到地面的气孔，从气孔里还能漏下光线来。"

师：冀中的人民真的是太有智慧了！你们想想看，这些透气孔会在什么地方留着？

生：隐蔽的地方，比如喂马喂牛的那些地方。

师：别人可能不会到那儿去，不容易发现。还可能会在哪儿？

生：还可能会在庄稼地里。

生：或者是在灌木丛里。

师：是啊，有了这些透气孔，地道里有了光线，还不会闷，多好啊！作者举了老太太纺线的事例，如果让你来举例子，你会举什么例子呢？大家可以从自己的实际出发去考虑。大家先想一想，然后跟自己的同桌互相说一说。

（学生思考后相互交流）

师：我们来分享分享，谁来说说？

生：气孔的口子都开在隐蔽的地方，敌人很难发现。人藏在洞里，既不气闷，又不嫌暗。有的小孩借着气孔上透下来的光线在那儿认真读书呢。

生：气孔的口子都开在隐蔽的地方，敌人很难发现。人藏在洞里，既不气闷，又不嫌暗。有的妇女开始给孩子做绣花鞋了，瞧，绣得多漂亮啊。

生：气孔的口子都开在隐蔽的地方，敌人很难发现。人藏在洞里，既不气闷，又不嫌暗。有的大人在悠闲地给孩子讲故事，孩子们听得津津有味。

师：这就是智慧的冀中人民，这就是冀中的地道战！同学们，要想了解更多的关于地道战的故事，大家可以读读这本书——

（出示《地道战》一书的封面）

师：这是一本书，想要读完我们必须得想办法提高阅读速度，可以怎么做？

生：不要回读，尽量连词成句地读。

生：可以抓住关键词句来读，还可以带着问题读。

师：相信借用这些方法，大家读书的效率会更高。当然了，除了这本书可以读，王老师还推荐大家读读《地雷战》，不过一定要注意运用提高阅读速度的方法。如果大家对电影感兴趣的话，也可以看看《地道战》这部电影。这节课我们就上到这儿，下课！

【此环节的学习让学生体会到举例子的好处，加深了对地道战的理解。推荐阅读、观影既是对课堂学习的延伸，也是对阅读策略学习的运用，因此，在小学阶段培养学生提高阅读效率、增强阅读兴趣的习惯是很重要的。】

深度评析

为提高学生的阅读效率，培养学生运用阅读策略的意识和基本能力，教科书从中年级开始在小学阶段有目的地编排了四个阅读策略单元，引导学生获得必要的学习阅读的策略，使他们成为积极的阅读者。五年级上册主要训练学生提高阅读的速度，也就是主要从读者的阅读需要出发，引导读者能够在短时间内，迅速理解、把握阅读材料，并获得需要的信息。《冀中的地道战》是五年级上册阅读策略单元的第四篇课文，王老师在整节课中始终紧扣单元要素进行教学，各个环节环环相扣，螺旋递进，是一节值得学习的典范之课。

一、运用阅读策略，培养高品质思维能力

《课程标准》"课程目标"中提到，"思维能力是指学生在语文学习过程中的联想想象、分析比较、归纳判断等认知表现，主要包括直觉思维、形象思维、逻辑思维、辩证思维和创造思维"。这节课，作为本单元最后一篇文章，教学时不但要让学生学会运用"带着问题，用较快的速度默读课文"的方法，还要复习巩固前边所学到的阅读方法。王老师让学生回顾从该单元前三篇课文学到的提高阅读速度的策略——"不回读""连词成句地读""借助关键词句"等，其实是为这一课的学习做好了铺垫。接着，又教给学生一种新的提高阅读速度的方法——带着问题，用较快的速度读。这一方法既是本课教学的目标，也是难点。当王老师在教学时发现学生提出的问题只是针对了内容时，及时引导学生针对写法来提问。由此将学生引入了辩证思维和创造思维的路径中，逐步培养学生的高品质思维能力。

二、关注编者意图，教好策略单元

这里"提高阅读的速度"不是一味地求快，它要与阅读、理解、记忆同步。这一个单元的学习，编者就要求学生既要学习提高阅读速度的方法，也要通过大量的实践不断练习，最终将其内化成自己的一种能力。如，王老师

开课就使用了计时器，让学生先清楚第一次的阅读时间，经过老师的引导，继续阅读，记录下自己第二次阅读的时间，再通过猜测、想象、分析、比较等方法继续练习，就这样不停地实践，以此真正提高阅读速度。学生的快速阅读能力不是一蹴而就的，必须经过这样的反复实践才能形成。王老师正是非常清楚编者的这一编写意图，才让这节课有着浓浓的语文味。

三、进行语言文字的运用，夯实学生阅读能力

《课程标准》的"课程目标"中谈到了"语言运用"，将这一词语的概念界定为："语言运用是指学生在丰富的语言实践中，通过主动的积累、梳理和整合，初步具有良好语感……"这个单元的学习需要注意两个方面：一是有较快的速度；二是能对阅读内容有准确的理解。大部分老师往往只顾其一而忽略另一方面。王老师在教学时，并未忽略阅读课的本质——它依然承载着一般精读课文的功能，如在语言运用方面，王老师就巧妙地进行了难点的突破。

比如，王老师将在四年级阅读策略单元学习到的"学会提问"，与本次"带着问题，用较快的速度默读课文，了解课文主要内容"这一目标相结合，紧扣核心词语"奇迹"，引导学生理解"地道战是个奇迹"。王老师还引导学生从写法的角度提出问题，让学生理解"地道有四尺多高"，进一步学习列数字的说明方法，并体会使用它的好处。更难能可贵的是，通过对"一百多种""四尺多高""三四尺"等这些表示约数的数量词的归纳与梳理，不仅对语言文字进行了品析与理解，也让学生体会到了中国人民的智慧。

四、以点带面引向整本书阅读，让红色革命文章深入人心

这篇文章的写作背景离现在的年代有些远，小学生没有经历过这样的生活，体会就不会深刻。王老师充分了解学生的这一年龄特点和认知规律，通过让学生对地道的布局、设计等的分享，让学生深入把握课文内容，理解"这就是智慧的冀中人民，这就是冀中的地道战"。由此，让学生明白地道战取得成功的关键源于中国人民的智慧和中国人民保家卫国的顽强斗志。

王老师最后又将单篇文章的学习引入到了整本书的阅读，并推荐学生阅

读《地雷战》等类似的红色革命类书籍，甚至建议学生去看电影《地道战》，这一设计充分体现了《课程标准》第三学段"学段要求"中提到的"感受先贤志士的人格魅力，感悟老一辈无产阶级革命家的英雄气概、优良作风和高尚品质，体会捍卫民族尊严、维护国家利益和世界和平的伟大精神"。

阅读策略单元的学习旨在引导学生做一个积极的阅读者，养成良好的阅读习惯。这一单元的教学对于一线教师来说是比较难的一个单元，因为之前没有任何可借鉴的实践和经验，唯有依靠自己的课堂教学进行摸索和尝试。王老师的这节课实用性强，相信一定会给大家带来启发和帮助！

建　议

该篇文章所描述的情景离现在时代较远，学生在理解课文内容方面会有些难度。如果让学生在学习中认真观察插图，借助插图理解人们在地道里是如何进行作战的，是否更能拉近学生与文本的距离呢？

用适合的方法　阅读相关的内容

——《竹节人》教学实录

（统编版小学语文教材六年级上册）

教学过程

任务一：阅读单元导语，明确语文要素

活动一：观看视频短片，引出竹节人

师：同学们，我们先聊一个话题，说到武林高手，你会想到谁？来，你说！

生：成龙。

师：这是演员吧，还有吗？

生：李小龙。

师：你说的还是演员啊，看来大家对武林高手并不是特别了解。这样吧，咱们来看一个武林高手对决的场景，怎么样？

（教师播放竹节人打斗的视频，学生观看）

师：怎么样？什么感受？

生：它们打斗得很激烈。

生：好帅呀！打斗精彩！

师：不过，刚刚大家看到的并不是真正的武林高手，而是——

生（齐）：竹节人。

师：大家见过竹节人吗？玩过吗？知道竹节人到底是怎么实现如此精彩

的打斗的吗？

生：我见过，就是下面有一根线，把这个线一拉紧，竹节人就站起来了，一拉一松，竹节人就动起来了。

生：竹节人很好玩，在哪儿都可以玩，很方便，男孩子更喜欢玩竹节人。

师：今天，就让我们走近竹节人，来学习这篇课文《竹节人》。大家注意，"竹"字左右两边有些像，但是不一样，看老师写：左边第三笔不带钩，右边第三笔是竖钩。来，我们一起读课题——

生（齐）：竹节人。

活动二：聚焦单元导语，确定学习目标

师：《竹节人》是六年级上册第三单元的一篇课文，我们先打开这个单元的导语页，一起来读读这个单元的语文要素。

生（齐）：根据阅读目的，选用恰当的阅读方法。

师：现在你应该清楚了，学习这个单元，我们要注意什么？

生：我们在学习课文的时候要注意目的和方法。

生：目的不同，我们阅读的方法就不同，要选择合适的方法。

师：这个同学说得很对，我们的阅读目的不同，与之对应的阅读方法就不同。

【竹节人打斗的小视频，激发了学生学习的兴趣，王老师巧借多媒体资源，自然而然地导入对课文内容的学习。阅读单元导语页，让学生明确了本单元的学习目标，为后面的学习奠定基础。】

任务二：根据阅读目的，选用阅读方法

活动一：分组学习字词，梳理课文大意

师：阅读目的不同，阅读方法就不同。这样吧，我先给大家一个阅读的目的——

｜课件出示｜

初读课文，注意把字音读准，把句子读通顺，想一想课文写了哪三方面的内容。

（指名读，明确阅读目的）

师：你觉得面对这样的一个目的，我们用什么方法阅读会比较好？

生：默读，边读边思考课文写了哪三个方面的内容。

师：默读，我们要做到不动笔墨不读书。现在请大家打开课本，拿出笔，开始默读，边读边批注。

（学生默读思考，教师提醒学生坐姿）

师：刚刚默读时我们是有要求的，首先要读准字音，读通句子，效果怎么样呢？我得检查检查。这篇文章有很多的词语是不好读的，刚才有一个要求就是要读准字音。来，先看第一组词语，这组词语中有几个字不好认，还有的字很容易读错，我估计大家会出错的。谁来试试？

> **| 课件出示 |**
>
> 风靡全班　剑拔弩张　鏖战犹酣

（指名多人读词语）

师：太厉害了！完全出乎我的意料，我以为大家会出错，结果都对了，很值得表扬！这三个词语，我们再读一遍。

（学生齐读三个词语）

师：特别棒，这组词语读对之后，接下来的两组就不是问题了。谁来试试？

> **| 课件出示 |**
>
> 威风凛凛　别出心裁　技高一筹
> 大步流星　怒气冲冲　全神贯注

（指名多人读后齐读词语）

师：大家有没有发现，这两行词语写的是什么？

生：第二行是写老师的，老师大步流星地走过来，怒气冲冲地把"我们"的竹节人没收了，结果回到办公室，他自己开始玩了，太有意思了。

生：第一行词语是"我们"玩竹节人的情景。

师：大家说得很好，刚刚说到了"我们"玩竹节人，老师收竹节人的内容，还缺少的是什么内容呢？

生：制作竹节人的内容。

师：是啊，现在大家清楚了吧，课文写了哪三个方面的内容？

生：制作竹节人、"我们"玩竹节人、老师收了竹节人回去自己玩三部分内容。

师：大家看，弄清楚了阅读目的之后，我们采用了合适的方法，很快就把所有的问题都解决了。

【该活动中王老师的设计可谓精巧！三组词语的学习，目的明确，特点突出，让学生在阅读中自然而然地解决了生字词的问题，又悄无声息地对课文内容有了初步的了解，学生的语文学习能力在不知不觉中得到提升。】

活动二：明确阅读目的，选对方法阅读

师：同学们，我们来看看，这篇文章的课题下面有阅读提示，谁来读给大家听听？

生：同一篇文章，阅读的目的不同，关注的内容、采用的阅读方法也会有所不同。如果给你以下任务，你会怎么读《竹节人》这篇文章？

师：稍等一下，大家听了这段话，你留意到了哪些信息？

生：阅读的目的不同，关注的内容、采用的阅读方法就不一样。

师：非常好，我再请一位同学把下面的三条任务读给大家听。

生：写玩具制作指南，并教别人玩这种玩具。体会传统玩具给人们带来的乐趣。讲一个有关老师的故事。

师：一共有三个任务，咱们先看第一个任务——写玩具制作指南，并教别人玩这种玩具。要达到这个阅读目的，我们该读哪些内容，用怎样的方法来读呢？我们看看课后题，前后关联着思考，看看能不能得到什么启示。

| 课件出示 |

　　为完成"写玩具制作指南，并教别人玩这种玩具"这个任务，可以先快速读全文，找到相关内容，再仔细读。

师：大家有什么发现吗？

生：我们可以先快速读全文，找到相关内容，再仔细读。

师：说到快速读，我就想到了曾经学过的一个阅读策略——提高阅读的速度。这是我们五年级学的，谁还记得？

生：五年级第一学期学的，第二单元第一篇课文是《搭石》，我们学会了不要回读。

生：第二篇课文是《将相和》，告诉我们要连词成句地读。第三课是《什么比猎豹的速度更快》，学了这一课，我们知道借助关键词句，可以提高阅读速度。

生：《冀中的地道战》那一课说带着问题读，也能提高阅读速度。

【此活动的设计充分体现了本套教材的一个很重要的编写特点——整体性和关联性。王老师引导学生回顾之前学习过的阅读策略，学生根据已知的阅读策略以及具体的阅读目的，恰当地选择阅读方式，让学习有法可依，从而达到事半功倍的效果。】

任务三：汲取有效信息，尝试有效介绍

活动一：填表梳理信息，介绍玩具制作指南

师：非常好，这样吧，我们运用这些阅读策略来快速阅读全文，先确定如果要写玩具制作指南，并教别人玩这种玩具，我们应该聚焦哪些段落，阅读哪些内容。

（学生快速读课文，确定要仔细阅读的内容）

师：我们来交流交流吧。

生：写玩具制作指南，我们要读课文的第3自然段。

生：如果要教人玩竹节人，我们要读课文第8、9自然段。

师：咱们先来看第3自然段，聚焦写玩具制作指南这个阅读目的。谁来说说看，要了解制作竹节人的过程，该用什么方法来读？是大声朗读呢，还是默读呢？

生：应该是默读，边读边思考。

师：好，现在就请同学们自己默读，进行思考，想一想做竹节人分几步，要用到哪些材料，怎样制作。大家边读边勾画重要的信息，试着独立填写下面的表格。

如何制作竹节人				
步骤	使用的材料	做法	做成什么	注意事项
第一步				
第二步				
第三步				
第四步			竹节人	

（学生默读思考，填写表格）

师：谁来跟大家分享一下？

生：第一步是找来毛笔杆，锯成寸把长的一截。这样就做成了竹节人的脑袋和身躯。

师：这位同学的表达非常清楚，值得表扬。谁继续说？

生：第二步是在锯成一截的毛笔杆上钻一对小眼，就可以用来装手臂了。

生：第三步是把毛笔杆锯成八截短的，这就做成了竹节人的四肢。最后一步是用线把它们穿起来，这样就做成了竹节人。

师：说得很好，竹节人这样就做成了。那要注意些什么呢？

生：锯的时候要小心，以防前功尽弃。

师：同学们，我们根据表格，就能清楚地讲出竹节人的制作方法了。同桌两人互相说一说吧，注意最后别忘了说一说注意事项。

（同桌互相说）

师：怎么样？谁来看着表格，跟大家说一说竹节人的制作指南？

生：制作竹节人，第一步要把毛笔杆锯成一截，当作竹节人的脑袋和身躯。第二步，我们要在锯成一截的毛笔杆上钻一对小眼，供装手臂用。第三步，我们要把一个毛笔杆锯成八截短的，作为竹节人的四肢。最后我们把前面做成的脑袋、身躯，还有四肢拿线穿起来，这样竹节人就做好了。要注意的是，做的时候要小心，以防前功尽弃。

师：介绍得不错，谁还可以试试？

生：制作竹节人，要用到的材料有毛笔杆和纳鞋底的线，做法分四步。第一步：需要把毛笔杆锯成一截，当竹节人的脑袋及身躯。第二步：在锯成一截的毛笔杆上钻一对小眼，装手臂时用。第三步：把毛笔杆锯成八截短的，做竹节人的四肢。第四步：用纳鞋底的线把四肢、脑袋和身躯穿在一起，竹节人就做好了。注意事项是：做的时候一定要小心，弄不好一个崩裂就会前功尽弃。

师：掌声送给他，特别棒！这个阅读任务大家完成得非常好！

【此活动中表格的设计能非常有效地帮助学生介绍清楚竹节人的制作指南。首先王老师引导学生聚焦"写玩具制作指南"这一阅读目的，再根据表格梳理重要信息，最后再借助梳理出来的信息，引导学生清楚地讲出竹节人的制作方法。一步一步，环环相扣，既让玩具制作指南的作用体现得更加突出，又减缓了坡度，降低了介绍的难度。】

活动二：根据交际对象，有针对性地进行介绍

师：我们还需要教别人玩这种玩具，你觉得我们应该读哪几个自然段？

生：读第8、9自然段。

师：现在请同学们来读第8、9自然段，把重点词语勾画下来，待会儿我们就可以借助这些重点词语来介绍竹节人的玩法了。

（学生默读思考，勾画词语）

师：谁来告诉大家，你画的词语有哪些？

生：请大家看第8自然段，我画的是"嵌"，还有"拉紧"。

生：还有第9自然段的"一松一紧"。

师：同学们可以根据这三个词语来介绍竹节人的玩法。王老师提醒大家，你介绍的对象不同，语言表达就要不同。我们先来给一个小朋友介绍，谁来试试？

生：你好，小弟弟。我今天给你介绍一个玩具——竹节人。首先，你拿着竹节人，把竹节人的线嵌入一张桌子的缝隙里面，然后在桌子底下拉线。你拉一下线，竹节人就会立起来，一松一紧的话，它就会动起来，很好玩的。

师：好，掌声送给他。如果你要给一位老爷爷介绍，你会怎样表达呢？

生：老爷爷好，今天我要给您介绍竹节人的玩法，这个玩具您小时候应该玩过吧。我们将鞋线嵌入课桌的裂缝里，然后再一拉紧，竹节人就会变成壮士模样，叉腿张胳膊。我们再将线一松一紧，竹节人就手舞之、身摆之地动起来。如果把两个竹节人放在一起，它们就开始打斗了。

师：有对象感，介绍得很好！大家看，阅读的目的不同，我们读的内容也就不同；读的内容不同，我们用的方法自然也不同。

【"教别人玩这种玩具"也是本课教学的重点。交际对象明确后，王老师引导学生借助重点词"嵌""拉紧""一松一紧"介绍玩法，让学生在表述时更有序，潜移默化地让学生体会到阅读目的不同，收获也不同。】

任务四：多种方式朗读，体会玩竹节人的乐趣

活动一：借助视频，再现竹节人的神气

师：我们来看第二个阅读目的——

生（齐）：体会传统玩具给人们带来的乐趣。

师：阅读目的清楚了吧，接下来干什么？

生：确定要读的内容，还有读的方法。

师：非常好，说说看，我们应该读哪些内容，怎么读？

生：我觉得应该读第10~19自然段，竹节人很好玩，大家玩得很开心，这部分要大声朗读。

生：我觉得还可以加点表演，这样就更热闹了。

师：大家说得很好，我们先读一读下面这两段话，大家把声音放出来，自己练习读一读。

| 课件出示 |

竹节人手上系上一根冰棍棒，就成了手握金箍棒的孙悟空，号称"齐天小圣"，四个字歪歪斜斜刻在竹节人背上，神气！

找到两根针织机上废弃的钩针，装在竹节人手上，就成了窦尔敦教的虎头双钩。把"金钩大王"刻在竹节人的胸口，神气！

（全班大声练读）

师：怎么样，读完了是吧？我请两位同学读读这两个自然段，看看能不能让我们感受到玩竹节人很开心，很欢乐。

（两位学生一人读一段）

师：读得不错，但还不够好。想想看，"神气"是什么意思。

生：就是很威风。

师：是啊，那就不能偷偷地神气，声音那么小可不行。这里提到了孙悟空，大家应该很了解。

生：孙悟空很厉害，会七十二变，能够降妖除魔。

师：窦尔敦大家了解吗？好像有些同学不是很了解，没关系，我们来看一段视频。

（课件播放视频《说唱脸谱》）

师：了解了这两个人，你就更能体会这里的神气了。我相信大家再读的时候一定会读得更好。我们再请刚刚朗读过的两位同学读一读，看看他们的朗读有没有进步。

生：竹节人手上系上一根冰棍棒，就成了手握金箍棒的孙悟空，号称"齐天小圣"，四个字歪歪斜斜刻在竹节人背上，神气！（声音响亮）

师：非常好，这才是神气的样子，这位同学还加上了动作，值得表扬。我们再听听另一位同学的朗读。

生：找到两根针织机上废弃的钩针，装在竹节人手上，就成了窦尔敦的虎头双钩。把"金钩大王"刻在竹节人的胸口，神气！（声音还是有些小）

师：好像还是不太神气，我们帮帮他好不好？一会儿他读前边，到了"神气"的时候，我们一起帮他。这位同学，你把声音放出来，重新开始。

（该生读前边，读到"神气"的时候，全班齐读）

师：有了大家的鼓励和帮助，这位同学进步很大。我相信大家通过朗读，也一定体会到了孙悟空和窦尔敦的神气，感受到了玩竹节人的乐趣。下面我们一起再来读读这两段话，体会体会，读的时候，大家还可以把自己想到的动作加上。

（全班齐读，带上动作，体会玩竹节人的乐趣）

活动二：想象情景，读出竹节人的好玩

师：同学们，玩竹节人真的很有意思，你们继续读下面的这两段话，相信你们读着读着都会笑出声来，简直太好玩了。

> **｜课件出示｜**
>
> 有时其中一个的线卡住了，那"斗士"便显出一副呆头呆脑的傻样子，挺着肚子净挨揍。
>
> 还有同学别出心裁，想技高一筹，给竹节人粘上一个橡皮雕成的脑袋，做一套纸盔甲。一有机会，便得意扬扬招呼大伙来观摩。谁知弄巧成拙，中看不中用，没打几个回合，那粘上的脑袋连盔甲被它自己手里的大刀磕飞了，于是对方大呼胜利。

（学生自读体会）

师：说说看，读到哪里的时候你特别想笑。

生："那'斗士'便显出一副呆头呆脑的傻样子，挺着肚子净挨揍。"这也太笨了吧，我都想跟它说，你倒是还手啊！呆头呆脑的，挺着肚子净挨揍，笑死人了。

师：呆头呆脑的就不说了，还挺着肚子净挨揍，你说多好笑。来，我请同学把这句话再读一读，一定要把你体会到的这种开心读出来。

（多位学生朗读，教师点评指导）

师：这时候你想跟它说些什么？

生：哎哟，竹节人呀，你能不能振作一下呀，不然你老被别人揍，就快战死了。

生：快动手啊！快动手啊！快动手啊！

师：重要的事情说三遍，这位同学不仅说了三遍，还是握拳跺脚，瞪大眼睛说的，瞧他多着急啊！不过，这些还不算最好笑的，我们继续交流。

生：最好笑的是这句："谁知弄巧成拙，中看不中用，没打几个回合，那粘上的脑袋连盔甲被它自己手里的大刀磕飞了，于是对方大呼胜利。"简直太惨了，别人都不用打，自己就把自己干掉了，而且干得还很爽快。

师：真是个大乌龙啊！

（学生大笑）

师：来，我请一位同学，就读中间你觉得最好玩的这句话，让大家感受一下玩竹节人的欢乐。如果你觉得特别好笑，你还可以在特别好笑的这个地方，加上你当时想说的话或者想发出的声音。

生：谁知弄巧成拙，中看不中用，没打几个回合，那粘上的脑袋连盔甲被它自己手上的大刀磕飞了，只听"啊"的一声惨叫，然后是"嘣"的一声，它应声倒地，于是对方大呼胜利。

师：还有音效呢，让我们有一种身临其境的感觉，很好！谁再来读读？

生：谁知弄巧成拙，中看不中用，没打几个回合，那粘上的脑袋连盔甲被它自己手上的大刀磕飞了，于是对方大呼胜利。哈哈哈，这也太好笑了吧。

活动三：丰富内容，体会玩竹节人之趣

师：玩竹节人的乐趣太多了，这只是其中的一部分。来，我们再读读下面这部分，这部分特别有场面上的那种气氛。自己先读一读，把声音放出来，大声读。

| 课件出示 |

黑虎掏心！泰山压顶！双龙抢珠！

咚锵咚锵咚咚锵！咚咚锵！

下课时，教室里摆开场子，吸引了一圈黑脑袋，攒着观战，还跺脚拍手，咋咋呼呼，好不热闹。

（学生大声读，气氛很活跃）

师：怎么样？读完了是吧？咱们先来读读一、二两行。第一行全是一些招数，我想请男生来读。

（几位男生读）

师：读得不错，有点氛围。其实，第二行可以有所变化地读，有几个"咚锵"，怎么"咚锵"，你来定。谁来试试？

生：黑虎掏心！泰山压顶！双龙抢珠！咚锵咚锵咚咚锵！咚咚锵！

师：特别好！很热闹的感觉！但还不够，因为招数太少了。来，我再给大家提供几个经常被武林大侠用到的招数，多加几招，你会营造出更热闹的场景！

| 课件出示 |

白鹤亮翅　双雷贯耳　猛虎扑食　神龙摆尾

生：双龙抢珠！神龙摆尾！猛虎扑食！鲲鹏展翅！咚锵，咚锵，咚咚锵，咚咚锵，咚咚锵！

师：不错，掌声送给他。你看，目的不同，阅读的方法就不同，我们的感受也不同。我请一位同学到前面来，读给大家听。

（一学生上台）

生：我可以做动作吗？

师：当然可以！

生：黑虎掏心！泰山压顶！双龙抢珠！白鹤亮翅！猛虎扑食！咚锵，咚锵，咚咚锵！咚锵，咚咚锵！（该学生一边读，一边做动作）

师：你看我越闪越远，生怕被他的招数给打中了。这位同学读得特别好，把掌声送给他！我觉得还可以更好，这需要大家的帮忙。课文中写道："下课时，教室里摆开场子，吸引了一圈黑脑袋，攒着观战，还跺脚拍手，咋咋呼呼。"你能想象大家咋咋呼呼的样子，以及拍手跺脚的情景吗？待会儿这位同学朗读的时候，我们帮他营造氛围，该跺脚就跺脚，该拍手就拍手，该咋呼就咋呼。我们试试吧！

生：下课时，教室里摆开场子，吸引了一圈黑脑袋，攒着观战，还跺脚拍手（其他同学开始拍手，跺脚，喊加油，氛围很热闹），咋咋呼呼（其他同学咋咋呼呼地叫喊），好不热闹。

师：好不热闹啊！玩竹节人真是乐趣多啊！因为欢乐多，所以时间也过得更快了。转眼，就要下课了。这节课，我们的收获特别大，我们知道了，阅读的目的不同，选择的内容就不同，当然了，阅读的方法也不同，我们的感受也是不同的。同学们，我们可能还会有其他的一些玩具，今天留给大家的作业，就是希望大家去介绍介绍自己的那些小玩具，说清楚它们是怎么制作的，大家还可以把自己玩玩具时难忘的、快乐的记忆写下来。今天的这节课我们就上到这里，下课！

【自主、合作、探究中，学生全身心投入对文本的理解阅读中。阅读目的的明确、情境的创设、多种形式的朗读，让学生沉浸在玩竹节人的快乐之中。课堂上读书声、欢笑声声声入耳，做动作创氛围样样出新。】

深度评析

《竹节人》这篇文章是六年级上册第三单元阅读策略单元里的第一篇，也是统编教材第四次以阅读策略为主线组织单元内容，围绕"有目的地阅读"这一策略进行编排。"有目的地阅读"首先要根据自己的阅读目的，选择恰当的阅读材料，确定阅读内容后，选用恰当的阅读方法展开阅读活动，达到自己的阅读目的。本课王老师紧扣语文要素，树立目标意识，让"教什么"变得清晰，让"学什么，学得怎么样"变得可测，为我们提出了"怎么教"的路径。

一、精准定位，明确语文要素

很多老师在教学一个单元的时候不知道该怎么教，编者给我们指出了很明确的路径，就是首先看单元导语页上的语文要素。统编教材在编排中人文主题和语文要素双线并进的特点非常突出，每单元的单元导语页上都有非常清晰的表述。明确了这一个单元教什么，再看本单元"语文园地"中的交流平台。交流平台对本单元的学习重点、学习方法进行梳理，总结提升，加深学生对本单元学习重点的理解和学习方法的掌握，从而引导学生发现语言现象，初步感受语言规律。

本单元的交流平台中就提到了"要根据目的选择合适的材料""读文章时，与阅读目的关联性不强的内容，不需要逐字逐句地读，这样可以提高阅读速度""读书时先想想阅读的目的，再有针对性地选择适合的阅读方法"。

明白了这些，这一课教学什么就很明确了。王老师在导入新课时播放竹节人打斗的视频让学生观看、谈感受、揭题，将学生的情感拉进文本；然后引导学生读单元导语页，学生捕获信息，很快就找到了"根据阅读目的，选用恰当的阅读方法"。学生在明白了"学什么""怎么学"之后，就为后面的学习打开了通道。

二、逐步深入，落实语文要素

"同一篇文章，阅读的目的不同，关注的内容、采用的阅读方法也会有所不同。如果给你以下任务，你会怎么读《竹节人》这篇文章？写玩具制作指南，并教别人玩这种玩具。体会传统玩具给人们带来的乐趣。讲一个有关老师的故事。"这是《竹节人》这篇课文阅读提示中的内容，王老师的这节课引导学生完成的是前两个任务，其过程遵循了学生的认知规律，由浅入深，循序渐进，使学生在"润物细无声"中学习知识，形成能力，完成情感体验。

（一）初读课文，渗透方法

在"分组学习字词，梳理课文大意"这一活动中，王老师首先出示阅读目的，让学生选择恰当的阅读方法，当学生认为"默读"比较好时，王老师顺势而导"我们要做到不动笔墨不读书"，于是学生开启默读、批注的活动，然后在学习讨论中明白课文写的三个方面的内容。虽说这个环节是学生的初步探究，但是通过此环节的学习，学生有了"阅读目的不同，阅读方法就不同"的意识。

（二）前后勾连，巩固旧知

统编教材依据语文要素训练学生能力的过程是呈螺旋式上升的。王老师在引导学生完成第一个任务"写玩具制作指南，并教别人玩这种玩具"时，首先让学生明确阅读目的，然后确定以"快速读"的方法展开阅读。怎样才能快速读在五年级上册第二单元中学习过提高阅读速度的方法——不回读、连词成句地读、抓住关键词句读、带着问题读，这些方法的回顾使学生的阅读有法可依，而且体现了交流平台中的内容。

（三）目的不同，方法不同

在"写玩具制作指南"这一环节中，王老师借助表格让阅读的目的更加细致。活动初，引导学生依据阅读目的，确定阅读内容，选择默读的形式，快速完成信息搜集，为学生独立完成表格创造了条件。

在"教别人玩这种玩具"的活动中，王老师根据交际对象，引导学生确定阅读内容（8、9 自然段），采用默读的形式，边读边勾画重点词语，"嵌""拉紧""一松一紧"这些词语让学生的介绍更加生动形象。

在"体会传统玩具给人们带来的乐趣"时，学生已经掌握了一定的学习规律，知道有了明确的阅读目的，就要确定读的内容和方式，所以有了后面的"我觉得应该读第 10～19 自然段，竹节人很好玩，大家玩得很开心，这部分要大声朗读""我觉得还可以加点表演，就更热闹了"等感受。

不同的目的，不同的方法，呈现出的是精彩的课堂。整个过程循序渐进，由扶到放，教师充分发挥了引导者的作用，让语文要素在课堂教学中落地生根。

三、实践活动，丰富语文要素

《课程标准》开头部分写道："语文课程是一门学习国家通用语言文字运用的综合性、实践性课程。"张志公先生曾说过："语言是一种活动。无论口头语言或者书面语言，都是一种活动，一方表达、一方理解的这么一种活动。语言既是活动，那就应当通过活动去学习它、掌握它。也就是说，要让学生通过自己的听、说、读、写的实际活动去学习听、说、读、写，不能靠老师的知识灌输学到听、说、读、写。"这段话，深刻地道出了语文是实践性课程的缘由。介绍"玩具制作指南"，学生读文填表梳理信息，以此作为"介绍"的支撑。介绍"玩具玩法"，学生根据交际对象，借助重点词来表述，为"介绍"明白创造条件。充分体会"玩竹节人的乐趣"，学生多种方式朗读，沉浸于快乐之中。课堂上，王老师给学生充分的时间、空间，让学生手、眼、脑、口等各部位参与活动，学生的自主、合作、探究让课堂充满灵动，放射光彩。实践活动将"学生是课堂的主人"这一思想展现得淋漓尽致，也将抽象的语文要素变得立体有型。

叶圣陶先生也在《略谈学习国文》一文中曾经说过："无论学习什么学科，都该预先认清楚为什么要学习它。认清楚了，一切努力才有目标，有方向，不至于盲目地胡搅一阵。"语文要素犹如教学中的灯塔，课堂上有效地落实是达成目标的途径。王林波老师这节课上"用适合的方法，阅读相关的内容"，将语文阅读方法的学习，清晰明了地呈现出来，从而帮助学生形成能力，这也启示我们在教学中要且教且思且实践。

建　议

王林波老师执教的《竹节人》目标明确，方法得当，单元语文要素的落实高效且精彩。统编语文教材单元板块设置清晰，如果能够彼此融合也是对课堂内容的充实。在六年级上册第三单元"语文园地"的词句段运用中，出示的句子写出了人对某件事入迷的样子，要求"读一读，试着写一写类似的情景"，如果这部分的学习能够融合到课堂教学中，学生不仅通过"多种方式的读"体会传统玩具给人们带来的乐趣，也能通过"写入迷的情景"体会其乐趣，这样多种方式"体会"能让情感更丰富形象。

从课文中学习写法 在修改中完善习作

——《这儿真美》教学实录

（统编版小学语文教材三年级上册）

📋 教学过程

任务一：发现身边美景，明确写作任务

活动一：诵读古诗，感知写作方法

师：同学们，在这个单元的第一课，我们学到了三首古诗，第一首还记得吗？我们一起来背诵一下。

（学生齐声背诵《望天门山》）

师：背得很好。谁来说说，这首诗写的是哪里的景象？

生：天门山。

师：对，谁能用一个词语来形容一下天门山？

生：壮观。

生：雄伟。

师：这一课的第二首诗，我们也来背诵背诵。

（学生齐声背诵《饮湖上初晴后雨》）

师：谁来告诉大家，这首诗写的是哪里的景象？

生：西湖。

师：如果让你来形容西湖，你会想到哪些词？

生：波光粼粼。

生：美丽。

生：清澈。

师：第三首诗，我们也来背诵背诵。

（学生齐声背诵《望洞庭》）

师：这首诗写的是——

生：洞庭湖。

师：如果让你来形容洞庭湖，你想到了哪些词？

生：壮观。

生：微波荡漾。

师：是啊，多美的景象啊！我们的祖国山河壮美，有很多的美景值得我们游览。这三首诗有写山的，也有写水的，刚刚我们背诵了这三首诗，大家发现什么好的方法了吗？

生：作者写天门山时，还写到了楚江水；写西湖水、洞庭湖水的时候也都写到了山。

师：看来，山水相映成趣，不可分离啊！写山时，我们也可以写水来映衬；写水时，我们也可以写山来衬托。同学们，刚刚我们说到的天门山、西湖、洞庭湖，大家去过吗？

（有部分同学点头，更多的同学摇头）

师：虽然我们中有很多人并没有去过这些地方，但是没有关系，作者写出来了，于是，我们眼前就有画面了，就能感受到这里的美了。我们要学会用文字写一处美景，让更多的人感受这儿的美。

【该活动设计中王老师引导学生首先回顾本单元所学的写景古诗，又通过对三首诗的对比阅读，找出相同点，引出古诗写景的方法，悄无声息地引导学生进入本次习作的主题，为本次习作做好了准备。】

活动二：谈谈美景，丰富词汇积累

师：同学们，其实我们周围就有不少美景呢，比如这里——

（课件出示曲江南湖的照片）

师：这是哪里？

生（齐）：南湖。

师：南湖美不美？去过的人请举手。如果要用一个词来形容南湖的美，你会想到哪个词？

生：南湖我去过。我想说的词语是漂亮。

生：清澈。

生：波光粼粼。

（教师将学生说的词语写在黑板上）

生：湖边的荷花开得很鲜艳，还有蜻蜓立上头，太美了！

师：我们的周围还有一处非常有名的景点——

（课件出示大唐芙蓉园图片）

师：这是哪里？有人去过吗？

生：这是大唐芙蓉园，就在我家旁边，我去过很多次，特别漂亮！

师：谁能想到哪些词语来形容这里的美景？

生：风景如画。

生：古色古香。

生：假山那里可以说如烟如雾。

生：金碧辉煌，大气磅礴。

生：十分壮观。

（教师将词语写在黑板上）

师：说到曲江南湖和大唐芙蓉园这两处我们身边的美景，大家想到了这么多的词语，非常好！我们来读读大家说到的词语吧！

（学生齐读黑板上的词语）

师：今天，就让我们来写一写我们身边的一处美景——这儿真美。

（教师板书课题，学生齐读）

【对于三年级的学生而言，在第六单元虽然已经学习了很多篇有关写景的文章，但独立写一篇依然难度不小。王老师由古诗中的美景转而引导学生关注身边的美景，学法迁移，让学生用恰当的词语形容这两处美景，从而引出本次习作主题——用文字让他人感受景物之美，既降低了习作的难度，又引起了学生习作的兴趣。】

活动三：细读要求，明确习作任务

师：同学们，我们先来看一看本次习作的要求——

> **｜ 课件出示 ｜**
>
> 写之前仔细观察，看看这个地方有些什么，是什么样子的。
>
> 写的时候，试着运用从课文中学到的方法，围绕一个意思写。

（指名读习作要求）

师：明确习作要求非常重要，读了上面的内容，你明白了什么？

生：写之前一定要仔细观察，看看这个地方有什么特别之处。

师：非常好，谁能够凝练一下？

生：仔细观察。

师：写之前仔细观察，这个非常重要。我们要观察什么呢？

生：这个地方有些什么，是什么样子的。

师：谁继续分享？

生：我们还要学会围绕一个意思写。

师：特别好，从习作要求里，我们捕获到了非常重要的信息。一方面我们要学会仔细观察，写出这个地方的特别之处；另一方面，我们还要学会围绕一个意思写。

【明确习作要求是写好作文的前提。三年级的学生对习作要求往往关注不够，审题的时候抓不住重点。针对这一学情，王老师适时出示习作要求，并引导学生从中捕捉重要信息，做到写有目标。】

任务二：向课文学写法，完成美景介绍

活动一：向课文学写法，学习怎样写关键句

师：同学们，这个单元我们学了好几篇课文，每一篇文章都围绕一个意思写，给我们留下了很深刻的印象，说说看，《富饶的西沙群岛》一课是围绕哪句话来写的？

生：那里风景优美，物产丰富，是个可爱的地方。

师：全篇文章就是围绕这句话来写的，西沙群岛确实景色优美，物产丰富，让我们印象深刻。我们再回顾一篇文章——《美丽的小兴安岭》，这篇课文是围绕哪句话来写的？

生：小兴安岭一年四季景色诱人，是一座美丽的大花园，也是一座巨大的宝库。

师：就是这句话，我们一起来读一读。

（学生齐读这句话）

师：《海滨小城》这一课又是围绕哪句话来写的？

生：这座海滨小城真是又美丽又整洁。

师：对，就是这句！有没有同学发现，课文围绕一句话来写时，这句话有时候会出现在什么地方，有时候又会出现在什么地方？

生：有的时候会出现在文章的开头。

师：还有呢？

生：有的时候会出现在结尾，也有可能在文章的中间出现。

师：是啊，今天我们要完成好习作，就可以围绕一个意思来写，这句话可以在开头出现，也可以在结尾出现，你要是放到中间，也是可以的。

【本单元的三篇精读课文都是围绕一个意思来写的。王老师充分发挥了教材这一例子的作用，让学生回顾课文的写法，知道表达文章主要意思的一句话的位置并不是固定的，这也巧妙地解决了本单元交流平台的内容。这既是对本单元学生已有知识经验的梳理与总结，也为接下来的实践运用打下了基础。】

活动二：动笔实践运用，写出习作的关键句

师：现在我们再回过头来看看刚刚我们说到过的附近的一处景物，就说南湖吧，你会用怎样的一句话来说？

生：我家附近的南湖很美。

师：很好，你想把这一句放在什么地方？

生：一开始的地方。

师：可以。还有谁可以用不同的方式来表达？

生："我家附近的南湖非常美丽。"这句话可以放到开头的地方。

生：我想在开头写："我家旁边的南湖景色诱人，如果有人来到南湖，肯定恋恋不舍。"

生："啊，南湖的景色真美啊！"这句话可以放到最后。

师：刚刚看了南湖，再来看一下大唐芙蓉园。你会写一句怎样的话语呢？

生："我家附近的大唐芙蓉园真美啊！"这句话可以放到最后。

生：我可以在开始就写："我家附近的大唐芙蓉园古色古香，很美。"

师：这句话写好了，我们的整篇文章就可以围绕着这句话来写了。有的同学想写一写我们周围其他的美景，也可以。课前，同学们还特别准备了照片。现在，就请同学们拿出照片来观察，拿出本子，我们写上一句话，这句话就是你的整篇习作要围绕着写的那句话。

（学生看照片，写句子）

师：写好的同学，我们分享分享吧！

生：啊，我家门口的小花园可真是太美了！

师：你想放到什么地方？是开头，还是中间，又或者是结尾？

生：结尾。

师：可以。你呢？

生：我家旁边的大唐不夜城真美！

生：校园里的花坛可真美！

生：我们小区里的小鱼池真漂亮！

生：我家附近的植物园可真漂亮！

【王老师以之前谈及的两处美景为例，引导学生用一句话来表达自己的感受，完全放手给学生，充分尊重了学生的表达自由，让学生初步明白如何围绕一句话来写。为了让学生有更多选材的空间，王老师让学生提前准备了美景照片，并将"围绕哪句话来写"的习作任务前置，这样更有利于落实本次习作要求。】

活动三：向课文学写法，掌握写清楚的方法

师：刚刚我们只用了一句话表达，显然不够清楚。怎么样把这里的景物写清楚，让大家读了之后眼前都有画面呢？让我们从课文中学学方法吧。来，我们看看《海滨小城》这一课的几个片段。

> **| 课件出示 |**
>
> 小城里每一个庭院都栽了很多树。有桉树、椰子树、橄榄树、凤凰树，还有别的许多亚热带树木。初夏，桉树叶子散发出来的香味，飘得满街满院都是。凤凰树开了花，开得那么热闹，小城好像笼罩在一片片红云中。
>
> 小城的公园更美。这里栽着许许多多榕树。一棵棵榕树就像一顶顶撑开的绿绒大伞，树叶密不透风，可以遮太阳，挡风雨。树下摆着石凳，每逢休息的日子，石凳上总是坐满了人。
>
> 小城的街道也美。除了沥青的大路，都是用细沙铺成的，踩上去咯吱咯吱地响，好像踩在沙滩上一样。人们把街道打扫得十分干净，甚至连一片落叶都没有。

师：大家快速读一读这三段话，看看作者都写到了哪里。

生：庭院、公园，还有街道。

师：是啊，我们要选好观察点，想想都要写这里的什么。想清楚了，确定好了观察点，才能开始进行观察。大家看看刚刚我们说到的南湖，你可以把这里的什么作为这次习作要写的内容？

生：可以写水中的荷叶、荷花。

生：可以写波光粼粼的湖面。

生：可以写桥，它的造型很漂亮，桥洞和倒影形成了一个圆。

生：还可以写清澈见底的水，水里面有好多漂亮的小鱼，还有水草。

师：非常好！那如果要写大唐芙蓉园呢，你会写到哪些景物？

生：可以写一进门的假山和瀑布，那里雾气缭绕，如梦如幻，非常漂亮，像仙境一样。

生：阴天的时候像仙境，晴天的时候也很漂亮，阳光一照，水雾会形成一道彩虹，好看极了！

师：这两位同学说得特别好，让我想到了《饮湖上初晴后雨》中的"水光潋滟晴方好，山色空蒙雨亦奇"。这两句诗就是这种感觉，就是通过天气的变化写出一处景物的特点的。这个方法，不仅写假山瀑布的时候可以用，写湖水的时候可以用，写最华丽、最雄伟的宫殿——紫云阁的时候也可以用。我们继续交流。

生：还可以写人，写大家是怎么做的。比如写大唐芙蓉园里面的唐诗峡的时候，就可以写人们是怎么吟诵诗句的，写大人跟小孩的对话。

生：还可以写大家的赞叹。

活动四：动笔写出草稿，完成一处美景介绍

师：大家说得非常好。现在，我们就拿起笔来写一写。你是怎么想的就怎么写，注意了，一定要围绕着你刚刚写的那句话来写。开始写吧！

（学生动笔完成习作草稿，教师巡视指导）

【该项任务中，《海滨小城》课文片段的呈现，再次体现了"教材就是例子"。王老师让学生明白首先要选好观察点，再确定习作内容，接着借助之前提及的南湖和大唐芙蓉园进行实践运用。最妙的是，一位同学提及不同天气情况下景物都很美的时候，他则顺势提到本单元的《饮湖上初晴后雨》一诗，提示学生可以通过天气变化写出景物的特点。统编教材单元的整体性就这样体现了出来。】

任务三：比较中完善习作，评议中优化表达

活动一：向课文学写法，比较中修改完善

师：很多同学都完成了草稿，挺认真的，写得也不错，但是，我觉得大家还可以写得更好。这样吧，我们再从课文中学学写法，一会儿我们自己再修改修改自己的习作，一定会更好的。来，我们先看看《海滨小城》的这段话——

| 课件出示 |

　　小城里每一个庭院都栽了很多树。有桉树、椰子树、橄榄树、凤凰树，还有别的许多亚热带树木。初夏，桉树叶子散发出来的香味，飘得满街满院都是。凤凰树开了花，开得那么热闹，小城好像笼罩在一片片红云中。

（学生默读这段话）

师：这段话中让你印象深刻的是哪种树？为什么？

生：我印象深刻的是桉树，它会散发出香味。

生：我印象深刻的是凤凰树，因为它开的花很红很漂亮。

师：是啊，你看，我们印象深刻的是有特点的树，大家一会儿再读读自己的文章，修改修改，看看自己写的是不是有特点的事物，有没有把特点写出来。同学们，我们再看看《美丽的小兴安岭》的片段——

| 课件出示 |

　　夏天，树木长得葱葱茏茏，密密层层的枝叶把森林封得严严实实的，挡住了人们的视线，遮住了蓝蓝的天空。早晨，雾从山谷里升起来，整个森林浸在乳白色的浓雾里。太阳出来了，千万缕耀眼的金光穿过树梢，照射在工人宿舍门前的草地上。草地上盛开着各种各样的野花，红的、白的、黄的、紫的，真像个美丽的大花坛。

（学生默读这段话）

师：这段话中让你印象深刻的是什么？

生：这里的树、雾，还有阳光、野花，都让我印象深刻。

师：是啊，作者不仅写出了这些有特点的事物，还用到了一些非常好的词语，你发现了哪些词语？

生：葱葱茏茏、密密层层、严严实实。

生：还有乳白色、千万缕、各种各样。

师：是啊，我们不仅要写出这里有特点的事物，还要用上我们积累的好词语。同学们，王老师也给大家准备了一些好的词语，一会儿大家修改自己的习作的时候，就可以选用恰当的词语，当然了，也可以用自己积累的好词好句，让自己的习作更吸引人。现在，就让我们安安静静地读自己的习作，认认真真地进行修改吧！

（学生修改自己的习作）

活动二：听取同学建议，评议中优化表达

师：习作修改好了，谁来跟大家分享分享？

生：我写的是南湖。我家的旁边，便是南湖，非常美丽！

师：有没有做到围绕一个意思来写？

生（齐）：有。

师：接下来我们听听她是怎么写的。

生：那里荷叶碧绿碧绿的，荷花开得很漂亮。湖水清澈，鱼儿非常多。这里的桥更美，下面有好几个桥洞，桥洞跟倒影连接在一起，正好形成了一个圆形，很漂亮。

师：谁来评价评价这位同学的习作？

生：这位同学写到了荷花、湖水、小桥，选的景物很好。但是写得太简单了。

师：谁能来帮助她修改修改？比如第一句"那里荷叶碧绿碧绿的，荷花开得很漂亮"，可以怎么改？

生：可以加上颜色和形状，如荷花有白色的，还有粉红色的；有的全开了，有的是半开的，还有的只是个花骨朵。

生：还可以写荷花的香味，如荷花散发出淡淡的香味，很好闻。

生：还可以写荷叶，荷叶上有露珠。荷叶碧绿碧绿的，上面还有几颗亮晶晶的露珠，阳光一照，像是闪亮的宝石一样。

生：还可以加上我们一年级学过的诗句——小荷才露尖尖角，早有蜻蜓立上头。

师：大家说得太好了，你看，把这些内容连起来，那就更好了！同学们，我们完成习作之后一定要学会修改，就这样，安安静静地读一读，认认真真地改一改，用上自己积累的好词句，习作就变得更加出色了！下课的时间就要到了，课后，请同学们进一步修改并完善自己的习作，写完后还可以读给同学或者家长听听，听取他们的意见后再次进行修改。这节课就上到这里，下课！

【指导修改环节，王老师依然借助本单元课文中的片段，引导学生明白修改的方向与方法，注重学生之间的共评共改，培养了学生的分享意识与修改意识。】

深度评析

面对统编语文教材的前后关联性和整体性的编写特点，如何以单元中的课文为范例进行习作方法的指导，如何借助学生已有认知教好单元习作等，一直是我们一线教师较为困惑的教学难题。王老师的这节课就给了我们很好的示范。

一、紧扣单元要素，明确习作要求

本单元语文要素是"借助关键语句理解一段话的意思""习作的时候，试着围绕一个意思写"。本单元的《富饶的西沙群岛》《海滨小城》《美丽的小兴安岭》三篇课文分别从不同的角度对于如何"围绕一个意思写"而进行循序渐进的练习。单元习作要求中也给学生创设了多种情境，意在帮助学生降低习作难度。王老师充分了解编者的这一意图，从课堂开始就紧扣单元要素，引导学生从学过的诗中，从身边熟悉的景物中，发现写作的奥秘，为学生创设了多种情境，进行平等对话，从而让学生清楚了习作要求，减缓了习作的坡度，提高了习作兴趣，真正落实了《课程标准》中提到的"创设真实而富有意义的学习情境，凸显语文学习的实践性"这一要求。

二、借助课文例子的功能，进行习作方法的训练

本单元具有整体性和前后的关联性。王老师充分了解统编语文教材的编写特点，引导学生从精读课文中学方法，从略读课文中练方法，从单元习作中用方法。课文在这节课中确实起到了例子的作用，在开头，三首古诗的背诵渗透着写法。在修改习作中又多次用到了课文中的片段，引导学生从熟悉的文章中找到写作的秘诀，尤其是一位同学提及不同天气情况下景物都很美的时候，王老师顺势提到本单元的《饮湖上初晴后雨》一诗，提示学生可以通过天气变化写出景物的特点等，这些训练都是在潜移默化中进行的，没有生硬的说教，一切都是那么自然。

三、方法训练环环相扣，让习作教学扎实有效

本节课，王老师安排了四次从课文中学习写法的训练。第一次是从古诗中学习方法，这一环节更多的是渗透学习作者写法的意识；第二次是学习围绕一句话来写，是对本单元语文要素的进一步落实与延伸；第三次是从课文中学习如何把景物写清楚，为初步完成习作做好铺垫；第四次是在课文中学习修改草稿、完善习作、优化表达。四次学习写法的指导环环相扣，层层深入，教扶放的设计合理得当，学用方法的过程扎实有效，让课文真正成为学生习作模仿的范例。

建　议

对于本节课，提出几点不成熟的想法：

在导入新课环节，问及三首古诗中好的写法时，教师可以多找几位同学回答，除了《望天门山》的山水相映成趣，《饮湖上初晴后雨》写的是不同的天气下西湖的美，《望洞庭》有作者丰富的想象，三首古诗用词都很生动、准确，富有画面感等，这样避免了答案的单一性。

《课程标准》"学业质量描述"中提到，第二学段"乐于书面表达，观察周围世界，能把自己觉得有趣或印象深刻、受到感动的内容写清楚"。对于中年级学生而言，在指导修改环节，提出写出景物特点这一要求是不是要求过高了些？学生能够写清楚景物的样子就基本算成功了。三年级的习作教学要着力激发学生的习作兴趣，让学生有话可说，方法的指导可以稍作淡化，或在第二课时进行重点指导。是否可以在趣味性上再加强一些，从而激发学生的习作热情？

整体感觉内容安排较满，学生写的时间较少，建议压缩环节，给出更多让学生写作和修改的时间。

第三辑

文学阅读与创意表达

学习任务群的教学

读好问句　讲好故事

——《大象的耳朵》教学实录

（统编版小学语文教材二年级下册）

教学过程

任务一：借助游戏活动，了解动物的耳朵

师：上课前，我请同学们来猜一个谜语："耳朵像扇子，鼻子大又圆。身子肥又矮，吃饱只会睡。"这是什么动物？

生：大象。

师：我们来看看你猜的这个大象什么样。（课件出示猪的图片）这是大象吗？

生：不是。

师：我们要抓住谜语中所描述的事物的特点来猜，你看看这句话："身子肥又矮，吃饱只会睡。"大象可不是吃饱了只会睡觉的，重新猜一下，这是什么？

生：猪。

师：我们再猜一个："四根柱子走路慢，两个耳朵像蒲扇。鼻子长长可以卷，门牙尖尖露在外。"猜猜看，这是什么？

生：大象。因为谜语中说了，鼻子长长可以卷，门牙尖尖露在外。

生：我补充一下，谜语中还说了，四根柱子走路慢，就是说它的腿很粗，走起路来特别慢。《盲人摸象》的故事里也说了大象的腿像柱子一样，耳朵像蒲扇。

师：大家都见过大象吧？大象的腿确实像柱子一样，耳朵确实像蒲扇一样。今天我们就来学习一篇课文——《大象的耳朵》。大家看，这就是大象。（课件出示大象的图片）说说看，大象的耳朵是什么样的？

生：大象的耳朵像蒲扇，而且还是向下垂着的。

师：是啊，每种动物都有耳朵，但是各有特点，长得都不一样。下面我们玩个游戏，看耳朵，猜动物。

（教师依次出示小兔子、小羊、小鹿、小马和小老鼠的耳朵，学生猜动物的名字）

师：这些动物大家都猜出来了，现在，我们看着这些动物的图片，读一读它们的名字吧！

生（齐）：小兔子、小羊、小鹿、小马、小老鼠。

师：大家一定发现了，不同的动物，耳朵各有特点，今天，我们就来走近大象，学习这篇课文——

生（齐）：大象的耳朵。

【此活动设计中，王老师充分利用"猜谜语""看图片""玩游戏"等形式给予学生充分的猜想、说话的时间和自由想象的空间，让学生的学习兴趣更加浓厚，表达更加开放、自由。】

任务二：读通课文内容，讲述故事大意

活动一：学习生字词语，读好关键语句

1. 学习词语：耷拉

师：下面请同学们自由读课文，注意读准字音，读通句子，同时想一想，课文中都有谁说大象的耳朵了？大象听了，是怎么做的，结果怎样？

（学生自读，教师巡视）

师：大家刚刚读书非常认真，现在我来选几个词语考考大家，看看谁会读。

（课件出示"耷拉""竖着"，学生认读）

师：读得非常好，我把"耷拉"放到句子中，我们再来读一读。

┃课件出示┃

> 小兔子说："咦，大象啊，你的耳朵怎么耷拉下来了？"
>
> 后来，大象又遇到了小羊。小羊也说："大象啊，你的耳朵怎么是耷拉着的呢？"
>
> 大象说："我还是让耳朵耷拉着吧。人家是人家，我是我。"

（指名读句子，指导学生读准字音，读通句子）

师："耷拉"是什么意思，大家知道吗？我们来看两幅图片。

（课件出示耷拉着花盘的向日葵和耷拉着耳朵的大象的图片）

生："耷拉"就是往下垂着。

师：非常好，大家看，大象的耳朵是耷拉着的，而小兔子、小羊、小鹿、小马、小老鼠的耳朵呢？

生：是竖着的。

师：这样吧，我读耳朵的样子，大家读对应的动物的名称。我读竖着的，你读——

生：小兔子、小羊、小鹿、小马、小老鼠。

师：我读耷拉着，你读——

生：大象。

【王老师在该活动中，引导学生紧扣"耷拉"一词，并对比图片中耷拉着花盘的向日葵和耷拉着耳朵的大象，让学生理解"耷拉"的意思。通过师生对读词语，让学生明白大象的耳朵和其他小动物的耳朵在形态方面的不同，为下文的学习做好了铺垫。】

2. 学习多音字：似

师：大象的耳朵不仅是耷拉着的，而且像什么一样？谁来读读这个句子？

┃课件出示┃

> 大象有一对大耳朵，像扇子似的，耷拉着。

生：大象有一对大耳朵，像扇子似（sì）的，耷拉着。

师：还是这个句子，我再请一位同学来读。

生：大象有一对大耳朵，像扇子似（shì）的，耷拉着。

师：他俩读得不太一样。你发现了吗？"似"是一个——

生：多音字。在这句话中应该读 shì。"大象有一对大耳朵，像扇子似（shì）的，耷拉着。"

师：非常好，那"似（sì）"怎么组词呢？

生：好似、似乎。

师：是的，这个字也读 sì，我们看看在下面的这个句子中，它该怎么读？

│ 课件出示 │

小羊、小鹿、小马的耳朵有些相似。

（指名读句子，指导读准字音）

师：非常好，我们一起再来读读这两个句子。

生（齐）：大象有一对大耳朵，像扇子似的，耷拉着。

小羊、小鹿、小马的耳朵有些相似。

师：大象的耳朵像扇子似的，尾巴、腿、鼻子又像什么呢？谁能看着这幅图片说一说？

（课件出示大象的图片）

生：大象的腿像柱子似的。

生：大象的尾巴像鞭子似的。

生：大象的鼻子像水管似的。

【"似的"中"似"的读音是学生最容易读错的。此活动设计中，王老师不仅教给学生正确认读"似"的两个读音，还在此基础上借助图片引导学生观察大象的尾巴、腿、鼻子，并运用"似的"练习说话。这样设计既巩固了"似"的读音，使学生加深了印象，又训练了学生的语言表达能力。】

3. 书写生字：扇

师：说得很好。大象的耳朵像扇子似的，这句话中有一个词语——扇子。

你见过扇子吗？夏天的时候，你用过什么样的扇子？

生：竹扇。

师：对，那是用竹子编成的。吊在空中的叫——

生：吊扇。

师：立在地上的叫——

生：落地扇。

师：放在桌上的叫——

生：台扇。

师：我们来读读这几个词——

生（齐）：竹扇、吊扇、落地扇、台扇。

师：看看这两幅图（出示图片），你会想到哪些带有"扇"字的词语？

生：一扇门、扇贝。

师：我们一起来写一写这个"扇"字，注意了，先写上面的"户"，户字头稍微扁一些，要盖住下面的"羽"。"羽"字也要写得稍微扁一些，这样整个字才不会显得太高。我们一起动笔来写一写吧。

（学生练习书写，教师指导并评议）

活动二：回顾内容要点，讲述故事大意

师：同学们，小兔子、小羊、小鹿、小马、小老鼠都和大象相遇了。相遇后，这些小动物都在提问，你还记得他们说了些什么吗？

生：他们都在问大象的耳朵为什么是耷拉着的。

师：大象是怎么做的？结果呢？

生：大象就想办法把自己的耳朵撑起来，结果小虫子飞进去很吵。

生：最后大象就把耳朵放下来了。

师：非常好，谁能试着连起来说一说，把这个故事的主要意思讲一讲？

生：小兔子、小羊、小鹿、小马、小老鼠先后和大象相遇了，他们都问大象的耳朵为什么是耷拉着的。于是大象就想办法把自己的耳朵撑起来，后来因为虫子在他的耳朵里跳舞，吵得大象很心烦。最后大象还是把耳朵放下来了。

【童话的突出特点就是故事结构完整，而且大都是按事情发展的顺序讲述的。此活动的教学，王老师抓住故事的完整结构、情节发展，引导学生梳理故事内容，理清故事顺序，感知人物形象，再现童话场景，了解故事梗概，使学生经历了完整的认知过程。】

任务三：体会角色心情，朗读并演好故事

活动一：揣摩心情，读好故事

师：同学们，我们先来看看小兔子和大象的对话，大家先练习读一读。

> **| 课件出示 |**
>
> 小兔子说："咦，大象啊，你的耳朵怎么耷拉下来了？"
>
> 大象说："我生来就是这样啊。"
>
> 小兔子说："你看，我的耳朵是竖着的，你的耳朵一定是出毛病了。"

（学生自己练习读）

师：哪位同学准备好了？站起来读给大家听听。

（一位同学朗读）

师：这位同学的声音特别响亮，不过，要想把对话读好，一定要想一想说话人的心情。你觉得小兔子当时是什么样的心情？

生：他觉得很奇怪，他都说"咦"了。

师：没错，这个"咦"字确实写出了小兔子的心情。这个字在生活中很常见，你有没有用到过它？谁来说说？

生：我上次找不到作业本了，就自言自语地说："咦，我的作业本怎么不见了？"

师：联系生活，这位同学说出了疑惑的感觉。谁来继续说说？

生：咦，我昨天放在这儿的东西怎么不见了？

生：咦，今天妈妈怎么不在家啊？

师：这两位同学的表现更出色了，不仅通过语气让我们感受到了当时的心情，还带上了动作，特别值得表扬。同学们，就带上这种感觉，甚至还可

以带上动作，抓住这个"咦"字，这个"怎么"，一定会把课文中的句子读得更好的，谁再来试试？

生：小兔子说："咦，大象啊，你的耳朵怎么耷拉下来了？"

师：你听她的声音，充满了疑惑，读得太好了。同学们，抓住这两个词，体会小兔子的心情，就会读得更好。谁再来读一读？

（指名多位学生读后全班齐读）

师：读得很不错。同学们，课文中的问句可不止这一个，大家往后看，谁还找到了问句？

生：我找到的句子是："后来，大象又遇到了小羊。小羊也说：'大象啊，你的耳朵怎么是耷拉着的呢？'"

生：我找到的句子是："怎么才能让耳朵竖起来呢？"

师：刚才我们用到"咦"字，把问句读得非常好。谁能试着把"咦"字加到这两位同学找到的句子里面，让我们感受到疑惑之情呢？谁来试试？

生：咦，大象啊，你的耳朵怎么是耷拉着的呢？

生：咦，怎么才能让耳朵竖起来呢？

师：读"咦"字的时候能把声音拉长一点就更好了。

生：咦——大象啊，你的耳朵怎么是耷拉着的呢？

生：咦——怎么才能让耳朵竖起来呢？

师：这样一读，就有疑惑的感觉了。谁再来试试？

生：（皱眉）咦——怎么才能让耳朵竖起来呢？

师：这位同学读得特别好，请你转过身来，让大家看到你的表情，你再读一遍。

（该生面向全班同学再读一遍）

师：掌声送给他。有了这个语气词，大家就能读得更好。但是，课文中没有这个语气词。要读出这种感觉，但还不能加上这个语气词，你有没有好办法？

生：我觉得可以在心里默念一下，不发出声音来。

师：非常好，请你来试一试。

（该生读完这两个句子后，教师再指名读，并及时点评）

师：看来，要读好问句，抓住语气词特别重要。同学们，后来啊，小鹿、

123

小马，还有小老鼠都见到了大象，都在说他的耳朵。大家猜一猜，小鹿看到大象会怎么说他的耳朵？

生：小鹿可能会说："咦，大象啊，你的耳朵怎么是耷拉着的呢？"

生：小鹿可能会说："咦，大象啊，我们的耳朵都是竖着的，你的耳朵怎么回事？"

师：不加"咦"字，但还要把疑惑的语气读出来，谁来试试？

生：大象啊，你的耳朵好奇怪啊，你是不是应该去医院检查一下呢？

生：大象啊，你耷拉着耳朵，还能听得见声音吗？

生：大象啊，你的耳朵是不是出毛病啦，赶快去找医生看看吧！

师：今天我们掌握了读问句的方法，加上"咦"，可以读出疑惑的语气；在心里默读"咦"，也可以将疑惑的语气读出来。

活动二：借助动作，再现场景

师：同学们，这么多的小动物都在说大象，大象肯定也有自己的想法了，课文中是怎么写的呢？

生：大象也不安起来，他自言自语地说："他们都这么说，是不是我的耳朵真的有毛病啦？我得让我的耳朵竖起来。"

师：要读好这句话，有一个词很重要，你觉得是哪个词？

生：自言自语。

师：谁曾经自言自语过？

生：我上次自言自语地说："我都已经很认真地复习了，为什么还是考不好呢？"

生：我自言自语地说："我是拿零花钱买书呢，还是买好吃的呢？"

师：同学们，你们发现了吧，自言自语时声音一般会——

生：比较小。

师：现在，我们请一位同学读一读大象自言自语说的话。

（指名几位学生来读）

师：这几位同学读得都特别好，但是老师觉得还可以更好。自言自语的时候，往往是我们遇到了自己很难解决的问题，这时候往往会不自觉地带上一些动作，这位同学，你觉得自言自语的时候可能会有什么动作？

（学生做挠头的动作）

师：请你带着动作读一读。

生：（边挠头边读）他们都这么说，是不是我的耳朵真的有毛病啦？我得让我的耳朵竖起来。

师：非常好，谁再来读一读？

生：（先挠挠头，再摸摸耳朵）他们都这么说，是不是我的耳朵真的有毛病啦？我得让我的耳朵竖起来。

（教师继续指名读，并及时点评）

师：同学们，我们在朗读的时候，一方面可以紧扣语气词，一方面还可以抓住一些重点词，这样就能体会到人物的心情，读得更好。

【童话的语言浅近、生动、简朴，是学生模仿学习的对象，对发展学生语言能力有积极的作用。王老师首先在教学中指导学生想象人物的心理活动和表情动作，在朗读中强调疑问词"咦""怎么"，引导学生读好问句，感受小兔子和小羊的满腹疑惑，从而更好地理解大象耳朵的特别之处；然后迁移运用学到的方法，引导学生想象其他三种小动物见到大象会问些什么，在练读中进行语用练习；最后指导学生读好大象自言自语的问句，读出大象的自我怀疑。王老师引导学生抓住人物语言，在循序渐进的朗读中读出角色感，培养了语感。】

活动三：扮演角色，演好故事

师：这个故事特别有趣，大家读得很好，如果能讲好，那就更好了。王老师给大家一些提示：

> **┃ 课件出示 ┃**
>
> "咦，大象啊，你的耳朵怎么耷拉下来了？"
>
> "他们都这么说，是不是我的耳朵真的有毛病啦？我得让我的耳朵竖起来。"
>
> 怎么才能让耳朵竖起来呢？

师：这是课文中最关键的几个句子，请你借助这几个句子，也可以借助板书中的关键词，试着讲一讲这个有趣的故事。你可以选择课文中的内容，比如大象跟小兔子、小羊的对话；也可以选择小鹿、小马、小老鼠等角色，自己来编故事，讲故事。大家先练习练习吧！

（学生练习讲）

师：谁准备好了，试着来讲一讲？

生：（蹦跳着说）有一天，小兔子在路上散步，遇到了大象。他很疑惑，问大象："你的耳朵怎么耷拉着，是不是出毛病了？"大象说："我生来就是这样的。"小兔子说："你看我的耳朵是竖着的，你的耳朵肯定是出毛病了。快去医院看看吧。"

师：掌声送给她，她讲得真不错。我们提高一下难度，如果能够表演出来，那就更有意思了，哪几位同学愿意试试？

（几位学生分别扮演小兔子、大象、小鹿、小马、小老鼠，进行表演）

生（小兔子）：（边散步边走到"大象"身边）大象啊，你的耳朵怎么是耷拉着的呢？是不是出毛病了？

生（大象）：（连忙摆手）不会的，不会的，我生来就是这样。

生（小鹿）：咦，大象啊，（左转右转看着"大象"）你的耳朵怎么是耷拉着的呢？

生（大象）：因为我生来就是这样呀，我的同伴也是这样。

生（小马）：哎，大象啊，你的耳朵怎么了？怎么耷拉下来了？你看我的耳朵，可是竖着的呢！

生（大象）：也许吧，也许我跟你们不一样啊！

生（小马）：我的耳朵是竖着的，小老鼠、小鹿的耳朵都是竖着的。

生（小老鼠）：是啊，我们的耳朵都是竖着的，你的耳朵肯定出问题了！

生（大象）：（自言自语）他们都这么说，是不是我的耳朵真的有毛病啦？我得让我的耳朵竖起来。

师：大家的表演非常精彩！通过大家的演绎，这个故事变得不一样了，内容更丰富了。接下来，还会发生什么样的故事呢？下节课我们继续学习。最后留给同学们的作业是：书写本课的生字，并把这个故事讲给家人听一听，同时推荐大家阅读《小猪变形记》。这节课就上到这里，下课！

【童话故事中一般会有很多人物对话，这些对话是促进故事发生或发展的重要部分。王老师在教学中就充分利用对话讲故事，创造性地让学生表演故事，以增加学生的情感体验，这也是学生在学习课文中最感兴趣的一个环节。学生通过讲故事和表演故事，不仅能使课文重点人物角色变得立体可感，还加深了学生对课文内容的理解，增强了学生对课文情景的真实感受。】

深度评析

这是一篇童话故事，童话故事一般内容生动有趣，富含哲理，童趣十足。低年级有很多童话故事，但仅仅让学生知道童话故事的内容和道理还远远不够，我们应该教给学生一些阅读童话故事的方法。这篇文章位于二年级下册第七单元，整个单元都是童话，但这并不是学生在小学阶段第一次见到童话，这一单元语文要素是练讲童话故事。《大象的耳朵》在这一单元的第一篇，本课中，编者并未一下子就要求练讲故事，而是给了一个支架——"注意读好问句""说说大象的想法是怎么改变的"，这些都是为后面的讲童话故事打基础。王老师充分理解编者意图，将这节课讲得简简单单，板块清晰，落实要素，省时高效。

一、删繁去简，夯实"写好一个汉字"的基础

作为一名优秀的语文教师，写"一手好字"是基本功。同样，课堂上引导学生识好字和写好字，把字写得"正确、规范、美观"，也应该是我们小学教师常抓不懈的工作。尤其是低年级，识字写字更是重中之重。王老师显然很了解低年级学生的年龄特点及该单元所承担的任务。本课几个会认的字，学生通过自主学习，借助拼音和工具书一般是可以解决掉的，但对于两个多音字"似"和"扇"的学习是有难度的，王老师在这两个字的教学方法上颇下了点功夫。

如，在教学"似"时采用的是由字到词到句子的训练过程，既让学生学

习了生字，又练习了说话，语言文字的训练很是扎实。"扇"不仅要求会认，还要求会写。王老师则引导学生通过联系生活实际，观察图画、练习组词的方式识记"扇"，锻炼、提高了学生自主识字的能力，使学生享受了识字的乐趣，更赋予了他们终身学习的本领。同时引导学生注意书写要点并练习书写，这样不仅帮助学生快速识记，还提高了学生写字的兴趣。

二、关注课后题，落实"读好问句"的要求

《课程标准》"文学阅读与创意表达"学习任务群教学提示中指出："第一学段关注阅读兴趣，通过朗读和想象等，侧重考察学生对作品情境、节奏和韵味的大体感受。"在低学段童话教学中，不仅可以在朗读中引领学生感知童话内容，感受角色形象，体会故事蕴含的道理，还能在朗读练习中引导学生积累学习方法，培养语感，提升语言素养。

本课教学的重点是"朗读课文，注意读好问句"。在教学中王老师首先抓住疑问词"咦""怎么"，引导学生想象小兔子的心理活动和表情动作，指导学生读好小兔子的问话。接着，迁移运用所学方法，引导学生想象小鹿、小马、小老鼠见到大象的耳朵会说些什么，让学生在练读中明白加上"咦"或在心里默读"咦"，可以把小动物们疑惑的语气读出来。最后，紧扣重点词"自言自语"，指导学生朗读，引导学生结合自己的生活实际明白自言自语的时候声音会比较小，再带着自己的理解、加上动作去读大象的自言自语，读出大象听到小动物们话后的自我怀疑，读好自言自语的问句。在读的同时，王老师教给学生读好"问句"的方法——"紧扣语气词""抓住重点词""加上动作和表情"。整个环节王老师以读为本，引导学生采用自由读、个别读、评价读、分角色读、表演读等多种朗读形式，以说带读、以评促读，使学生在读中理解，在读中感悟语言，培养语感，享受语文学习的乐趣。整个环节环环相扣，循序渐进，很好地落实了本课的学习要求。

三、落实语文要素，做好"讲好一个故事"的准备

"借助提示讲故事"是本单元的教学重点，但要想让学生一下子就完成这一要求显然是有难度的。本课只提出"画出课文中大象的话，说说大象的想

法是怎么改变的"的要求，能说出想法的改变，那就一定要梳理清楚故事内容，尝试进行说话练习。因是第一课时，王老师只要求学生"试着讲一讲这个有趣的故事"。

由于低年级学生年龄小，认知能力有限，讲故事的时候容易出现遗漏的现象。王老师引领学生借助提示，搭建讲故事的支架，并引导学生在关键词和关键句的帮助下完整地把故事讲述出来。本课小动物与大象的对话富有童趣，适合表演。王老师引导学生在讲故事的基础上进行分角色表演。学生在讲故事、角色表演中，读好问句、体会对话，理解、积累语言，并尝试运用。

整节课的教学，王老师没有过多地追求形式，没有刻意地运用多媒体，没有过度追求课堂的热闹，而是给学生朗读、表演的空间，让学生在朗读中感悟文本，在表演中获取学习语文的快乐。这节课，王老师通过"写好字""读好文""讲好故事"的训练，培养了学生听、说、读、写的能力，真正提升了学生的语文素养。

建　议

建议在导入环节中，直接用猜大象的谜语导入，或者直接出示大象的图片，让学生说说大象的特点，顺势引出大象耳朵的特点，这样会显得更加简洁。

感受心情变化　讲好童话故事

——《小毛虫》教学实录

（统编版小学语文教材二年级下册）

教学过程

任务一：借助动画短片，获取有效信息

师：上课之前，让我们一起先来看一个非常有趣的短片。

（播放动画歌曲《蝴蝶》片段）

师：幼儿园的小朋友看完这个动画短片，会觉得真好看！但是作为小学生，你们在看完之后就不能只觉得好看了，还应该获取一些有效的信息。说说看，看完这个动画短片以后，你获取了哪些信息，知道了哪些知识？

生：蝴蝶一开始是毛毛虫，一点都不好看。

生：毛毛虫先变成茧子，再过一段时间就变成蝴蝶了。

师：非常好，他用到了"变化（变成）"这个词，将蝴蝶的成长过程说清楚了。如果让你用一个词形容一下蝴蝶，你会怎么说呢？

生：五颜六色的蝴蝶。

生：五彩斑斓的蝴蝶。

生：非常漂亮的蝴蝶。

师：这么漂亮的蝴蝶，原来它曾经住在一个茧屋里，最早的时候，它一点也不好看，它是一只小毛虫。小毛虫到底是怎样成长变化的，怎样变成蝴蝶的呢？今天，我们就来学习这篇课文——

生（齐）：小毛虫。

【"兴趣是最好的老师。"低年级学生对直观形象的画面比较感兴趣。王老师适时运用多媒体将动画短片引进课堂，用生动形象的视听画面吸引学生入情入境，并提示学生作为小学生要学会获取一些有效信息，直接指向了本课的学习目标。】

任务二：学习生字新词，积累语言经验

活动一：初读课文，读好轻声

师：请同学们打开课本，自由读课文，注意读准字音，读通句子，同时想一想：小毛虫在成长的过程中都经历了什么？

（学生自由读课文，教师巡视指导）

师：课文读完了，大家读得很认真，我们来看看下面几个词语，谁来试着读一读？

｜课件出示｜

打量　事情　明白

生：打量、事情、明白。

师：整体上不错，但有一点小问题，谁发现了？

生："打量"的"量"不应该读成四声，应该读轻声。

师：很好，在这里"量"应该读成轻声，我们一起来读读。

生（齐）：打量。

师：把"打量"这个词放在句子中，谁再来读一读？

｜课件出示｜

　　一条小毛虫趴在一片叶子上，用新奇的目光打量着周围的一切：大大小小的昆虫又是唱，又是跳，跑的跑，飞的飞……到处生机勃勃。

（指名读这段话）

师：真好，这位同学把"打量"放在句子当中依然读得很正确。"量"是轻声，他读得又轻又短，特别好。我们一起来读读这段话。

（学生齐读这段话）

师：这段话里边，还有哪个字也读轻声？

生：句子中的"的"也读轻声。

师：非常好，我们把这几个带有"的"字的词串来读一读。

｜ 课件出示 ｜

新奇的目光　周围的一切　大大小小的昆虫　跑的跑　飞的飞

（指名读，注意读好"的"的轻声）

师：我们再读读这段话，注意把轻声读好。

（学生齐读这段话）

【初读课文，侧重正音。本文有不少带轻声的词语，王老师采取集中认读的方式指导学生读正确。同时引导学生重点读准"量"和"的"两个字的读音，为读通课文做好铺垫。】

活动二：联系生活，理解词语

师：这段话中有一个词语"生机勃勃"，大家知道是什么意思吗？

生：就是很热闹，很活跃的样子。

师：想想看，此刻小毛虫眼里看到的世界是什么样子的？

生：有的昆虫在唱，有的昆虫在跳，有的昆虫在跑，有的昆虫在飞。

师：这是看到的，如果再用耳朵听听呢，会听到什么？

生：有的虫子在叫，有的可能在说话，有很多声音，很热闹。

师：是啊，这样的景象就是生机勃勃。这样的景象我们的校园里也有，想想看，下课的操场上是什么样的？

生：同学们有的在跳绳，有的在跑步，有的在踢球。

生：有的同学在玩游戏，有的在聊天，有的在打闹。

师：对，这就是生机勃勃的景象。我们再来一起读一读课文中的这段话。

（学生齐读这段话）

师：这是小毛虫看到的生机勃勃的景象，我们刚才也讲到了操场上生机勃勃的景象，谁能把这一句话稍微改动一下，说说大大小小的同学在干什么。

生：大大小小的同学又是跑，又是跳，又是追，又是闹……到处生机勃勃。

生：大大小小的同学又是跳绳，又是打篮球，又是踢足球，又是打乒乓球……到处生机勃勃。

师：很好，生机勃勃就是特别热闹，特别有生命力的样子。我们一起把这段话再来读一读。

（学生齐读这段话）

【"生机勃勃"是课后题"读一读，记一记"中需要记住的词语。王老师引导学生展开想象、联系生活实际来理解词语，该活动的设计既符合学生的认知规律，又降低了难度，同时训练了学生语言表达的能力。】

活动三：积累词语，尝试运用

师：同学们，这篇课文中还有很多值得积累的词语呢，大家再读读课文，把你觉得值得积累的词语勾画出来。

（学生自由读课文，勾画值得积累的词语）

师：我们来分享分享。

生：我勾画的词语有"与世隔绝、尽心竭力"。

生：我勾画的词语是"九牛二虎之力"。

生：还有"悲观失望、色彩斑斓"。

师：表扬同学们，这些词语都很值得积累。我们不仅要把这些好的词语记住，还要尝试着运用。如果看到一个情景，你还会用，那就更厉害了。看到这个画面，你会用哪个词来形容呢？

（出示老师批改作业的图片）

师：老师在很晚的时候依然在批改作业，你想到了哪个词？

生：尽心竭力。

师：是啊，不仅老师很辛苦，你的妈妈也很辛苦。家里有那么多的家务活要干，一边要照顾你的弟弟或妹妹，一边还要给你做饭，你想到了哪个词？

生：尽心竭力。

师：小毛虫在茧里的时候，它没有浪费功夫干别的事情，它也可以说是——

生：尽心竭力！

师：我们再来看一幅图片，看看大家能想到什么词。

（出示九牛二虎之力的图片）

生（齐）：九牛二虎之力！

师：谁能看着这幅图，试着说一说这个词的意思？

生：九头牛的力量，加上两只老虎的力量，说明力量很大。

师：很好，我们又记住了一个词语，学习就要善于积累。我们一起来读读这些词语。

> **┃ 课件出示 ┃**
>
> 生机勃勃　九牛二虎之力　尽心竭力　与世隔绝　色彩斑斓
> 笨手笨脚

（学生齐读词语）

师：同学们，如果我们能把积累的词语用起来，那就更好了。你能用哪个词来形容小毛虫、茧屋和蝴蝶呢？

生：笨手笨脚的小毛虫。

生：与世隔绝的茧屋。

生：色彩斑斓的蝴蝶。

师：除了"笨手笨脚的小毛虫"，作者还用了很多词来形容小毛虫，谁有发现？

生：可怜的小毛虫。

生：灵巧的小毛虫。

生：尽心竭力的小毛虫。

师：很好，描写茧屋的时候还用了哪些词呢？

生：牢固的茧屋。

师：描写蝴蝶的时候还用到了哪些词？

生：轻盈的蝴蝶。

师：我们一起来读一读吧！

| 课件出示 |

可怜的小毛虫　　小小的毛虫　　　牢固的茧屋
温暖的茧屋　　翅膀轻盈的蝴蝶　　飘然而起的蝴蝶

师：我们积累了这么多词语，闭上眼睛，老师说一个词语，看看你能想到哪些词语来形容它？蝴蝶——

生：色彩斑斓的蝴蝶。

生：翅膀轻盈的蝴蝶。

生：飘然而起的蝴蝶。

师：我说到茧屋的时候，你会想到——

生：牢固的茧屋。

生：与世隔绝的茧屋。

生：温暖的茧屋。

师：提到小毛虫呢？

生：笨拙的小毛虫。

生：可怜的小毛虫。

【有了之前教师对课后题中"生机勃勃"一词的引导，在积累词语方面，学生也自主地找到了课后题中其他相关的词语。而且本文大量运用了四字词语和优美短语，王老师引导学生熟读这些词语和短语，并运用积累的词语形容小毛虫、茧屋和蝴蝶。这样设计既丰富了学生的语言积累，又培养了学生运用语言文字的能力。】

任务三：体会内心感受，读好讲好故事

活动一：感受心情，读出情感变化

师：现在，让我们一起来走近小毛虫，看看课文里是怎么写它的。

135

> **| 课件出示 |**
>
> 一条小毛虫趴在一片叶子上，用新奇的目光打量着周围的一切：大大小小的昆虫又是唱，又是跳，跑的跑，飞的飞……到处生机勃勃。

（指名读这段话）

师：很好，读这段话的时候，我们一定要学会想象。在我们读到"又是唱"的时候，你会想到什么昆虫？

生：我想到了夏天夜晚草丛里的蟋蟀。

生：还有会唱歌的知了。

师：很好！读到"又是跳"，你会想到谁？

生：蚂蚱。

师："跑的跑，飞的飞"让你想到了谁呢？

生：七星瓢虫。

生：蜜蜂。

生：蚊子。

师：是啊，这么多昆虫都来了，多热闹呀！这段话真给人生机勃勃的感觉，但是，同学们，你们看看这可怜的小毛虫是什么样的呢？

> **| 课件出示 |**
>
> 只有它，这个可怜的小毛虫，既不会唱，也不会跑，更不会飞。

师：读完这段话，刚才又热闹又愉快的场景，变得怎么样了？

生：有一点伤心。

师：谁再读一读，把你的感受读出来？

（指名朗读）

师：现在，老师把这两段话都呈现出来，你们读一读，看谁能把情绪的变化读出来。

> **︱课件出示︱**
>
> 　　一条小毛虫趴在一片叶子上，用新奇的目光打量着周围的一切：大大小小的昆虫又是唱，又是跳，跑的跑，飞的飞……到处生机勃勃。只有它，这个可怜的小毛虫，既不会唱，也不会跑，更不会飞。

（学生自主练读后教师指名读）

师：读得很流畅，但是情绪的变化不明显，谁再来试一试，读出情感的变化？

（指名读）

师：读得非常好，把掌声送给她。

（学生鼓掌）

师：课文中说，小毛虫爬得很慢，谁来读读，让我们感受感受小毛虫的慢？

> **︱课件出示︱**
>
> 　　小毛虫费了九牛二虎之力，才挪动了一点点。当它笨拙地从一片叶子爬到另一片叶子上时，它觉得自己仿佛周游了整个世界。

（指名读）

师：谁能说说读后有什么感受？

生：小毛虫爬得也太慢了！费了九牛二虎之力，才挪动了一点点。

师：是啊，我们再看看其他昆虫是怎么活动的。

生（齐）：大大小小的昆虫又是唱，又是跳，跑的跑，飞的飞……到处生机勃勃。

师：我请两位同学来读，一个人读小毛虫的活动，一个人读其他昆虫的活动，在对比中，大家感受感受小毛虫的心情。

生（齐）：大大小小的昆虫又是唱，又是跳，跑的跑，飞的飞……到处生机勃勃。

生：小毛虫费了九牛二虎之力，才挪动了一点点。当它笨拙地从一片叶子爬到另一片叶子上时，它觉得自己仿佛周游了整个世界。

师：想想看，小毛虫会想些什么？

生：人家怎么都会飞，就我不会飞。

生：唉，我怎么这么可怜呀！

生：不用着急，我会慢慢地结成茧，然后变成蝴蝶。

【该活动中，王老师引导学生想象画面，对比阅读，让学生读出不同的语气，鲜明地感知到不同的情感。运用对比阅读的方法，有效地提高了学生对语言文字的感受力，培养了学生良好的语感。】

活动二：想象情景，读好关键语句

师：是的，小毛虫也许曾经难过过，但后来，它没有悲观，也没有羡慕任何人，因为它懂得一个很重要的道理，同学们自己读读课文第3自然段，找一找。

生：我觉得是这两句话："每个人都有自己该做的事情。它，一条小小的毛虫，眼前最要紧的是学会抽丝纺织，为自己编织一间牢固的茧屋。"

师：非常好，我们合作着读读。尽管如此，它并不悲观失望，也不羡慕任何人，它懂得——

生：每个人都有自己该做的事情。它，一条小小的毛虫，眼前最要紧的是学会抽丝纺织，为自己编织一间牢固的茧屋。

师：这两句话太重要了，我们再来记记这段话——

生：每个人都有自己该做的事情。它，一条小小的毛虫，眼前最要紧的是学会抽丝纺织，为自己编织一间牢固的茧屋。

师：特别棒，我们不能自卑，不仅要明白这个道理，还要有什么？

生：还要有行动。

师：非常好，小毛虫是怎么做的呢？谁在课文中找到了？

生：小毛虫一刻也没有迟疑，尽心竭力地工作着。它织啊，织啊，最后把自己从头到脚裹进了温暖的茧屋里。

师：这位同学找得很对，读得很好。不过，我们还可以读得更好！刚才我们学习过"尽心竭力"这个词，回想一下我们看过的那张老师批改作业的图片，想想这个词的意思，谁再来试着读一读？

（一学生朗读，把"尽心竭力"读得很好）

师：很好，你再想想，它一天能织好吗？它需要不断努力，需要很长的时间，大家想象一下它织茧屋的情景，注意读好"织啊，织啊"，把这两句话再来读一读。

（指名多人读，教师相机指导后全班齐读这两句话）

【该活动中，王老师引导学生抓住"尽心竭力"这个词语读好关键语句。"尽心竭力"是小毛虫织茧部分的中心词，王老师让学生在结合图片理解词义的基础上练习朗读，同时展开想象，抓住文中关键词句读出小毛虫努力织茧屋的情景，通过朗读加深对文本的理解，体会小毛虫的勤奋与坚持。】

师：同学们，大家看这个"织"是什么偏旁？

生：绞丝旁。

师：这一课里有很多绞丝旁的生字，你发现了吗？

生：有"编、纺、织"这三个字。

师：看老师来写一写这三个字。绞丝旁注意先写一个撇折，再写第二个撇折，与上面的要保持平行，第三笔提由重到轻。绞丝旁比较窄，右边的部分比较宽，大家在写的时候一定要注意。

（教师范写三个生字，学生自己练习，教师相机指导书写）

活动三：借助关键词，尝试讲述故事

师：同学们，我们来回顾一下，这节课我们积累了不少词串，我们一起来读一读。

| 课件出示 |

新奇的目光　　大大小小的昆虫

可怜的小毛虫　　小小的毛虫

牢固的茧屋　　温暖的茧屋

（学生齐读）

师：我们不仅要积累这些词串，还可以利用这些词串把故事讲清楚。现在，请大家借用这些词串，尝试着讲一讲小毛虫成长的过程。

（学生练习讲小毛虫的成长过程）

师：谁来讲一讲前半段故事？

生：小毛虫用新奇的目光看着整个世界，大大小小的昆虫，又是跳，又是唱，跑的跑，飞的飞，到处生机勃勃。这只可怜的小毛虫，它既不会唱，也不会跑，更不会飞，但这只小小的毛虫并没有悲观失望，因为它知道每个事物都有自己该做的事情。它，一只小毛虫，最要紧的是要抽丝纺织，为自己编织一个牢固的茧屋。

师：大家利用这些词串讲得不错，我们提升一下难度，刚才我们还积累了很多词语，比如——

| 课件出示 |

生机勃勃　九牛二虎之力　尽心竭力

（学生齐读）

师：如果我只给大家"生机勃勃、九牛二虎之力、尽心竭力"这三个词语，谁还能再讲讲这个故事？我们先练习练习吧！

（学生练习讲故事）

生：一只小毛虫看到了一片生机勃勃的景象，大大小小的昆虫，又是跳，又是唱，跑的跑，飞的飞，可它费了九牛二虎之力，才能挪动一点点。不过，它没有悲观失望，它很努力地编织着自己的茧屋，尽心竭力。它要为自己编织一个牢固的茧屋。

师：讲得非常好！这只小毛虫，它尽心竭力地编织着自己的茧屋，最终它住进了茧屋里，它会怎样变成蝴蝶呢？我们下节课继续学习。今天留给大家的作业：一是书写本课所学到的生字，二是给家人讲一讲这部分故事。

【本课的训练重点是"借助提示讲故事"。此活动中，王老师引导学生在之前积累的词语的基础上，尝试运用，把小毛虫成长的过程讲清楚，培养了学生运用语言文字的意识。】

📄 深度评析

《小毛虫》是二年级下册第七单元最后一篇童话故事。这篇课文训练的重点是"借助提示讲故事"。前面三篇课文也都在为这一教学目标服务，此时学生讲故事的能力已经初步形成，这篇课文也是对前边学习效果的一种考查。王老师也深刻体会到了这一点，在教学中层层递进，螺旋上升，一点一点提升学生学习语文的能力，很值得我们学习。

一、聚焦语言，丰富语言的积累

对处于语言发展关键期的小学生来说，积累词语、句子，丰富学生遣词造句的经验是每篇课文最基本、最重要的学习内容。本课语言丰富，语句优美。在阅读过程中，王老师聚焦文本丰富的语言，采用词语分组教学的方法，每一组词语的编排都承担着不同的学习要求，目的明确，循序渐进，扎实有效。

王老师首先出示一组轻声词"打量、事情、明白"，引导学生读好"打量"这个词，进而让学生明白轻声字要读得又轻又短。接着出示带"的"字的词串"新奇的目光、周围的一切、大大小小的昆虫、跑的跑、飞的飞"，指导学生读好"的"字的轻声，然后把这几个短语放进句子中再读，指导学生读好这些短语，再读好句子，为读通课文打下了基础。在学生通读课文后，引导学生勾画文中值得积累的词语，并在学生汇报交流的基础上出示第三组词语"生机勃勃、九牛二虎之力、尽心竭力、与世隔绝、色彩斑斓、笨手笨脚"，丰富了学生的语言积累，也为下面的说话练习做好铺垫。通过这三组词语的教学，我们可以看出王老师在词语教学中，分类编排上的良苦用心。这样的词语教学真实、扎实，极大地提高了课堂的实效性。

二、关注学情，重视朗读训练

于永正老师曾说："书面语言是怎么学来的？是读。语感是怎么培养的？还是读。在这方面花时间是值得的。"《课程标准》"文学阅读与创意表达"

学习任务群在第一学段要求："学习儿歌、童话，阅读图画书，体会童真童趣，感受多姿多彩的生活，初步体验文学阅读的乐趣。"的确，低年级的阅读教学应在富有童趣的情境中进行，使学生享受阅读的乐趣。本文语言生动优美，故事情节有趣，容易激发学生的阅读兴趣。

王老师引导学生采用了多种朗读方式——自由读、指名读、对比读、想象读、齐读，使同学们的琅琅读书声充溢于字里行间。通过对比读，引导学生从语气、情感的变化，读出小毛虫的"可怜"，体会小毛虫的心情；通过想象画面读，读出小毛虫编织茧屋的"尽心竭力"，体会小毛虫的努力与坚持……这样的朗读练习扎扎实实，有效地提高了学生对语言文字的感受力，实现了对文本内容的理解，培养了学生的语感。

三、指向表达，落实语言文字运用

吴忠豪教授曾说："学生学习语言最有效的方法不是理解，而是运用。"《课程标准》中的"核心素养内涵"中也提到，"学生在丰富的语言实践中，通过主动的积累、梳理和整合，初步具有良好语感；了解国家通用语言文字的特点和运用规律，形成个体语言经验；具有正确、规范运用语言文字的意识和能力，能在具体语言情境中有效交流沟通；感受语言文字的丰富内涵，对国家通用语言文字具有深厚感情"。由此可以体会到，学语文其本质是学习理解和运用语言。理解是教学的第一步，是铺垫，而会运用才是学习语文的最终目标。

王老师的这节课在引导学生理解的基础上，恰到好处地设计了运用语言的实践环节。第一次表达练习是在引导学生理解"生机勃勃"这个词语时，让学生联系生活实际回忆下课时操场上热闹、富有活力的景象，然后引导学生运用"生机勃勃"来说说大大小小的同学在干什么，有效地训练了学生的想象能力和表达能力。第二次表达练习是让学生运用积累的词语来形容小毛虫、茧屋和蝴蝶。第三次表达练习是在这节课的最后，引导学生运用本课积累的词语尝试讲好前半段故事，即小毛虫的生长过程。小学生学语言最有效的方式就是模仿学习。通过模仿运用，学生大量积累课文中有新鲜感的词语和句子，极大地丰富了语言积累，有效地提高了语言表达的质量。

建　议

  《小毛虫》是该单元的最后一篇课文，前三篇课文在"借助提示讲故事"这一目标上已经进行了多次训练，王老师如果能适时对前边几篇课文所学过的讲故事的方法进行梳理和总结，再在这篇课文中进行实践和运用，就更能体现出单元教学的整体性。

用好阅读提示　学好略读课文

——《珍珠鸟》教学实录

（统编版小学语文教材五年级上册）

教学过程

任务一：单元整体着眼，明确学习目标

活动一：链接已学课文，梳理学习经验

师：同学们，今天我们将学习第一单元的最后一课，也就是第四课《珍珠鸟》。在学习新课之前，我们先来复习一下前三课。（课件出示课文《白鹭》图片）回想一下，学完《白鹭》这篇课文，你感受到作者怎样的情感？

生：作者热爱大自然，他很喜欢白鹭。

师：这个单元还有一篇文章（课件出示课文《落花生》图片），读完这篇课文你一定懂得了一个道理，跟大家分享分享。

生：我们要做有用的人，不要做只讲体面而对别人没有好处的人。

师：对！再来回顾第三篇课文《桂花雨》（课件出示课文《桂花雨》图片），读了这篇课文，你感受到作者抒发了什么情感？

生：我感受到了作者对故乡的思念之情。

师：同学们，这个单元的前三篇课文，要么表达了一种情感，要么说明了一个道理。这节课我们要学习的是第四篇课文《珍珠鸟》（课件出示课文《珍珠鸟》图片）。请大家推测一下，这篇文章的作者想表达什么情感或说明什么道理呢？

生：作者表达的一定是自己对珍珠鸟的情感。

师：什么样的情感？

生：应该是喜爱之情。

师：作者还可能会——

生：还可能告诉我们一个道理。

师：非常好！这一单元文章，要么抒发着某种感情，要么告诉我们某个道理。

活动二：细读阅读提示，确定学习目标

师：今天，我们要学习第四篇课文《珍珠鸟》。同学们请留意，在"4"的右上边有一个星号，说明这是一篇略读课文。我们在学习略读课文时一定要关注一个地方，谁来说说看是什么？

生：我们要注意阅读提示。

师：我请一位同学读一读。

｜ 课件出示 ｜

　　默读课文，想想"我"是怎样逐渐得到珍珠鸟的信赖的。课文中有很多地方写出了珍珠鸟的可爱，找出这样的语句，体会"我"和珍珠鸟之间的情意。

（一学生读阅读提示，其他人听）

师：这位同学读得很流畅，值得表扬。大家在听的过程中有没有发现，其实，要学《珍珠鸟》这一课，我们解决两个问题就可以了。我们再来看看阅读提示，想一想，我们要解决的第一个问题是什么？

生：作者是怎样逐渐得到珍珠鸟的信赖的？

师：特别好！第二个问题呢？

生：找出课文中写珍珠鸟可爱的句子。

【王老师在此活动环节运用了学生之前学习过的一种阅读方法——预测策略。在学生回顾本单元前三篇文章表达情感、说明道理的前提下，在原有知识经验之上，预测本文作者想表达什么情感或说明什么道理，让学生的思维得到有效的发展与提升。这样设计既复习巩固了旧知，又激起学生探究印证新知的欲望。很可贵的是，王老师明确略读课文要关注阅读提示，让学生进行有目的的阅读，训练提炼重点的能力。】

任务二：交流阅读感受，体会表达魅力

活动一：交流读书情况，分享阅读感受

师：现在请大家打开课本，我们先来解决其中的一个问题：你从课文中的哪些句子可以体会到珍珠鸟的可爱？请大家边默读课文边勾画相关的句子。

（学生默读课文，勾画相关的句子，教师巡视指导）

师：同学们通过刚刚的自主学习，一定有了收获，下面我们四人小组成员间相互交流交流吧。

（学生四人小组交流，互相说说自己勾画的句子）

师：来，做好准备的小组，谁来跟大家分享分享，读一读你所画出的句子，看看能不能让大家感受到珍珠鸟的可爱。

生：瞧，多么像它的父母：红嘴红脚，灰蓝色的毛，只是后背还没生出珍珠似的圆圆的白点。它好肥，整个身子好像一个蓬松的球儿。

师：哪个地方让你觉得珍珠鸟特别可爱？

生："它好肥，整个身子好像一个蓬松的球儿。"这句话让我感觉到珍珠鸟像一个毛绒玩具一样。

师：确实挺可爱的，我们继续交流，还有哪个句子？

生：起先，这小家伙只在笼子四周活动，随后就在屋里飞来飞去，一会儿落在柜顶上，一会儿神气十足地站在书架上，啄着书脊上那些大文豪的名字，一会儿把灯绳撞得来回摇动，跟着逃到画框上去了。

师：哪儿让你觉得珍珠鸟特别可爱？

生：这只鸟特别调皮，还啄了大文豪的名字，好像它也喜欢读书似的。

师：我们继续分享。

生："我很少扒开垂蔓瞧它们，它们便渐渐敢伸出小脑袋瞅瞅我。"这句话写出了珍珠鸟又害怕又好奇的样子，很好玩。

师：能具体说说吗?

生："它们便渐渐敢伸出小脑袋瞅瞅我"，读到这里，我能想象到它们伸出脑袋东张西望的样子。

师：说得很好，还有别的句子吗?

生："它们就像躲进深幽的丛林一样安全，从中传出的笛儿般又细又亮的叫声，也就格外轻松自在了。"我觉得它们的叫声很好听，像笛子发出的声音一样，又细又亮。

生：我画的句子是"我不动声色地写，默默享受着这小家伙亲近的情意。这样，它完全放心了，索性用那涂了蜡似的小红嘴，嗒嗒地啄着我颤动的笔尖"。

师：太好玩了，这只珍珠鸟真是太可爱了!

活动二：品味重点词句，感悟表达魅力

师：珍珠鸟多么可爱啊，同学们找到了不少句子，这些句子都能让我们感受到珍珠鸟的可爱。下面我们聚焦几个句子，细细品味品味。我们先来看第一个句子——

| 课件出示 |

过不多久，忽然有一个更小的脑袋从叶间探出来。

师：注意这里有一个词是"探出来"，而不是"伸出来"。珍珠鸟把小脑袋探出来东张西望，好奇地看着这个世界。大家想想看，如果它刚探出来小脑袋，却发现有人在走动，于是——

生：它赶快把小脑袋缩回去。

师：它刚把小脑袋探出来，结果作者把笔掉地上了，它又——

生：它又赶快把小脑袋缩回去。

师：过了一会儿，终于安静了，它又把头探出来，这边看看没人，那边看看没人，于是就——

生：于是就放心地伸出脑袋，四处张望，欣赏着这个新奇的世界。

师：我们再来看下面的句子——

> **| 课件出示 |**
>
> 瞧，多么像它的父母：红嘴红脚，灰蓝色的毛，只是后背还没生出珍珠似的圆圆的白点。它好肥，整个身子好像一个蓬松的球儿。

（一学生读句子）

师：作者说小珍珠鸟的后背还没生出珍珠似的圆圆的白点，"白点"很普通，但作者写完之后你会觉得特别珍贵，原因在哪里？

生：作者写的是珍珠似的白点。

师：在作者眼中，这种鸟就像珍珠一样宝贵，所以他写道——

生（齐）：红嘴红脚，灰蓝色的毛，只是后背还没生出珍珠似的圆圆的白点。它好肥，整个身子好像一个蓬松的球儿。

师：当读到"整个身子好像一个蓬松的球儿"时，你是什么感觉？

生：太可爱了，我都想摸一下。

师：来，我们再来读一读，读出你的感受来。

（学生有感情地朗读句子）

师：我们再来看看这几句话——

> **| 课件出示 |**
>
> 待一会儿，扭头看，这小家伙竟趴在我的肩头睡着了，银灰色的眼睑盖住眸子，小红爪子刚好被胸脯上长长的绒毛盖住。我轻轻抬一抬肩，它没醒，睡得好熟！还咂咂嘴，难道在做梦？

（指名读句子）

师：这段话中有一个字"待"，是个多音字，这位同学读得很准确，在这里确实读第一声，它还有一个读音是——

生：dài，可以组词"等待、接待"。

师：读了这段话，你有没有感受到珍珠鸟的可爱？

生：珍珠鸟很可爱，我觉得它像一个孩子，趴在别人肩膀上就睡着了，还做着梦呢！

师：同学们，你们有没有趴在爸爸妈妈肩头睡着了的经历？

生：有，那时的我特别像那只珍珠鸟。只不过我不是咂嘴，而是把手指头含在嘴里。

师：读到这儿，我们一定感觉到了，作者对珍珠鸟就像大人对自己的孩子一样，可见啊——

生：作者特别喜爱珍珠鸟。

师：这只珍珠鸟不仅睡着了，还咂咂嘴，好像在做梦，你猜珍珠鸟在做什么梦？

生：它面前有一大堆美食。

生：它可能正在吃一个大蛋糕。

师：多可爱的珍珠鸟啊，我们一起来读一读这段话。

生（齐）：待一会儿，扭头看，这小家伙竟趴在我的肩头睡着了，银灰色的眼睑盖住眸子，小红爪子刚好被胸脯上长长的绒毛盖住。我轻轻抬一抬肩，它没醒，睡得好熟！还咂咂嘴，难道在做梦？

师：在你们的朗读声中，我也感受到了作者对珍珠鸟的喜爱之情。再看看前半句，有一个很特别的词，是一种称呼的方式，也能让我们感受到作者对珍珠鸟的喜爱之情，你觉得是哪个词呢？

生：作者把珍珠鸟称作"小家伙"。

师："家伙"这个词很特别，没有了"小"字，感觉是在说一个坏人，但是"小家伙"听起来就觉得很可爱。在家里，你的家人把你称为"小——"？

生：妈妈称我"小傻瓜"，有时候也叫我"小笨蛋、小坏蛋"。

生：我姥爷叫我"小捣蛋"。

生：我很调皮，我爸爸叫我"小猴子"。

师：带上"小"字，听起来就特别可爱。我们再来读一读这段话，感受感受。

（学生再次朗读句子，感受作者对珍珠鸟的喜爱之情）

【本活动中，王老师注重以阅读提示的要求为抓手展开教学，大胆放手，体现"自主、合作、探究"的学习方式，让学生充分交流，在交流中聚焦重

点语句，赏析语言精妙之处，体会作者情感。】

任务三：发现表达方法，落实语言运用

活动一：梳理珍珠鸟的活动地点，发现作者语言表达的精妙

师：第一个问题我们解决得非常好，不仅找到了相关的句子，还从中感受到了作者对珍珠鸟的喜爱之情。我们继续来看第二个问题：默读课文，想想"我"是怎样逐渐得到珍珠鸟的信赖的。"逐渐"是什么意思呢？

生：就是慢慢地。

生：就是一点一点地，一步一步地。

师：为了弄清楚作者是怎样逐渐得到珍珠鸟的信赖的，我们需要来看一看7~12自然段，勾画出珍珠鸟活动的地点，看看有怎样的变化。

（学生自读课文，勾画相关的句子）

师：我们来交流交流吧，说说你画的第一个句子是哪个。

生：起先，这小家伙只在笼子四周活动。

师：第一个地点是笼子四周。然后到哪儿了？

生：然后到了柜顶上、书架上，还把灯绳撞得来回摇动。

师：接着到哪儿了？

生：窗框上、书桌上、茶杯上。

生：稿纸上，最后到了作者的肩上。

师：把这些地点排列起来，谁发现秘密了？

生：珍珠鸟离"我"越来越近了。

师：珍珠鸟为什么可以做到离"我"越来越近呢？

生：因为"我"给它自由，不伤害它。

师：从课文中的哪些词句可以看出作者给珍珠鸟自由，不伤害它？

生：不动声色。

生：我只是微微一笑，依旧写东西。

生：我手中的笔不觉停了，生怕惊跑它。

师：大家看，这样把珍珠鸟的动作和"我"对珍珠鸟的态度交融着写，

让"我"与珍珠鸟互动起来，文章就更加生动了。

活动二：推测珍珠鸟的停留地点，写出人与鸟的互动

师：（课件出示作者写作时的图片）同学们，这就是作者写作时的情景，课文中写了，这只珍珠鸟在笼子四周、窗框上、书桌上、茶杯上、稿纸上、"我"的肩上都活动过。看图片，你觉得这只珍珠鸟还有可能跑到哪里？

生：闹钟上。

生：台灯上。

生：眼镜上。

生：台历上。

生：笔架上。

师：我们能不能学习作者的写法，选择两个地方来写，注意在写出珍珠鸟动作的同时还要写出——

生："我"对待珍珠鸟的态度。

师：对，把珍珠鸟的动作和"我"对珍珠鸟的态度交融着写，让"我"与珍珠鸟互动起来，文章就更加生动了。来，我们试着动笔写一写吧！

（学生动笔尝试表达，教师巡视指导）

师：我们来分享分享。谁来读给大家听一听？

生：渐渐它胆子大了，就落在我的书桌上。它先是落在我的台历上，我只是看了它两眼。它见我不予理会，又飞到了我的眼镜边上，似乎在探究为什么对面的东西变大了。我停下笔，咯咯地笑了。

师：她写得特别有意思，因为"我"不去理会珍珠鸟，它的胆子就更大了。

生：珍珠鸟看我安安静静地写东西，它就活跃起来了，先飞到台灯上，然后落在墨水瓶上，左看看，右瞧瞧。见我还是埋头写文章，它就更大胆了，飞到了我手边放着的眼镜旁，还不时地啄着眼镜片，再转过头看看我。

生：珍珠鸟先飞到书桌上，看我没有伤害它，便放开胆子，离我越来越近；然后跳上一摞书，好奇地盯着书页上的字，用嘴啄着那些大文豪的名字，再转过头看看我，我只是一笑，依旧写文章；它就飞到闹钟上，在闹钟上蹦

来蹦去，十分可爱。

生：渐渐它胆子大了，就落在我的书桌上。它先是见到我的一支铅笔觉得很好奇，就在上面跳了一支舞，见我不去伤害它，就蹦到我的肩膀上，睡了一会儿。

【本活动中，王老师引导学生从理解关键词"逐渐"入手，自主圈画多个表示地点的词语，体会珍珠鸟动作的变化，进而理解"我"对珍珠鸟的情感。在小练笔中，语言文字得以运用。】

师：珍珠鸟真有意思，看到"我"不伤害它，对它很友好，所以就越来越靠近"我"了。从中你感受到了什么？

生：人对动物的喜爱。

生：还有动物对人的信赖。

师：我们一起读这句话——

> **｜课件出示｜**
>
> 信赖，往往创造出美好的境界。

（学生齐读）

师：这就是信赖，彼此之间的信赖。信赖让珍珠鸟获得了安全感。你们有没有和动物之间相互信赖的经历？

生：我的老家在农村。我家原来有一头老黄牛，一开始它不让我靠近，后来见我不伤害它，它就让我骑了。

生：我老家的羊圈里有很多小羊羔，爸爸给我带过来一只。开始它不敢靠近我，后来见我不伤害它，还给它一些草吃，它就慢慢跟我一起玩了。

师：这就是友好与信赖。我们一起看几张图片吧！

（课件出示人与动物和谐相处的图片）

生：图片中的人和猫就相互信赖，我家的猫也是这样，会跳到我的床上。

师：是啊，这就是信赖。我们再一起读读这句话。

生（齐）：信赖，往往创造出美好的境界。

师：同学们，马上就要下课了，这次的作业是回去之后把你和动物之间互相信赖的那种美好经历写下来。另外，大家可以阅读一下冯骥才先生的其他作品。这节课就上到这里，下课！

【"信赖，往往创造出美好的境界。"看似难懂的语句，在逐步完成阅读提示要求的基础上，理解该句话水到渠成。此时，王老师更进一步，让学生联系生活说说自己相似的经历，学生认知得以迁移、深化。】

深度评析

《珍珠鸟》是一篇略读课文。略读课文怎么教，怎么体现出以学生为主体、以教师为主导的教学理念等，一直是令我们一线教师困惑的问题。王老师的这节课有效地发挥阅读提示的作用，引导学生有目的地针对问题进行自主探究，最终完成学习目标。这节课简约、灵动，理解编者意图，真正落实语文要素，课堂教学扎实有效。

一、实现新旧知识链接，妙用阅读策略

我们现行的语文教材，编者在编写的时候十分注重整体性。按年级纵向编排，突出了训练目标的连续性和发展性。按整本书或者整个单元的横向编排，突出了能力培养的整体性和综合性。"三位一体"的教材编写理念让我们清楚教师的教学目标和学生的学习目标：在精读课文中学习学语文的方法；在略读课文中内化方法，进行阅读的实践和运用。

王老师充分理解精读课文和略读课文的关系，在新课伊始，引导学生回顾本单元前三篇文章的主要内容：《白鹭》一文的作者借助对白鹭的描写表达自己对大自然的热爱、对白鹭的喜爱之情；《桂花雨》一文的作者借助桂花这一事物表达了对故乡的思念之情；《落花生》告诉我们要做有用的人，不要做只讲体面而对别人没有好处的人。前三篇文章要么表达情感，要么说明道理，进而引导学生推测《珍珠鸟》一文的作者的写作目的是什么。一石激起千层浪，学生心中泛起思考的涟漪。预测策略的妙用增强了学生学习的兴趣，使学生的思维得到了发展。

二、突出课文单元地位，明确学习目的

我们对略读课文并不陌生，但对略读课文的教学目标、教学方法或阅读目的、阅读方法的确立及运用等会比较迷茫。这里王老师给我们做了一个教学略读课文的示范。王老师精心设置了三项学习任务：单元整体着眼，明确学习目标；交流阅读感受，体会表达魅力；发现表达方法，落实语言运用。整节课，王老师紧扣略读课文的阅读提示，引导学生明晰阅读目的，进行自主学习，品味文章语言特点，并迁移运用学习方法，使用推测的阅读策略，理解文本内涵。由此，将一节略读课文的教学扎实落地。

三、侧重读写结合训练，发展核心素养

《课程标准》明确指出："语文课程是一门学习国家通用语言文字运用的综合性、实践性课程。""了解文学作品的基本特点，欣赏和评价语言文字作品，提高审美品位……"可见，语文教学要关注语言文字运用，提升学生的语文素养。在课堂最后，学生在自主、合作、探究的过程中，王老师教给学生表达的方法：把珍珠鸟的动作和"我"对珍珠鸟的态度交融着写，让"我"与珍珠鸟互动起来，文章就更加生动了。学生习得方法后，思路得以打开，练笔所呈现出来的成果是丰富多彩的，做到了语言文字运用与课文内容理解的有效融合，整堂课真正做到指向语用，识体而教，落实了《课程标准》中提到的"核心素养内涵"。

📄 建　　议

教材中的插图都是编者精心编排的。本课插图中，如蓬松的球儿似的珍珠鸟淡定安然地立于作者的茶杯之上，与书桌上的稿纸、笔墨等浑然一体，人与鸟的相亲相爱之情跃然图上。教学过程中，如果让学生观察观察课文插图，更有助于学生体会信赖所创造出的美好境界。

在自主阅读中感悟经典名著的魅力

——《猴王出世》教学实录

（统编版小学语文教材五年级下册）

教学过程

任务一：聊聊经典名著，谈谈人物印象

师：同学们，上课前我们先来猜几个歇后语。三个臭皮匠——

生：顶个诸葛亮。

师：诸葛亮大家知道吗？他是哪部名著中的人物？

生：诸葛亮是《三国演义》中的人物，这本书的作者是罗贯中。

师：诸葛亮非常聪明，对于草船借箭，大家一定不陌生，下面的歇后语谁来补充？诸葛亮借东风——

生：巧用天时。

师：不错，可以这么说，不过答案不止一个，还可以怎么说？

生：诸葛亮借东风——神机妙算。

师：诸葛亮确实非常聪明，说到特别聪明，特别有智慧，我想到了"智多星"这个词。智多星——

生：吴用。

师：这是哪部作品中的人物？

生：吴用是《水浒传》中的人物。

师：这又是一部名著。《水浒传》的作者是谁？

生：施耐庵。

师：在这部作品中，还有很多形象鲜明的人物呢！比如：豹子头——

生：林冲。

师：花和尚——

生：鲁智深。

师：行者——

生：武松。

师：名著中这些鲜明的人物形象让我们印象深刻，这些人物总会让我们想起一些关键事件来。说到武松，你会马上想到哪件事？

生：武松打虎。

师：本单元我们学过《景阳冈》一课，我们发现课文中把老虎称作——

生：大虫。

师：看来古代的名著跟现代文在表达上还是有所不同的。在《水浒传》中，说到行者，你想到了武松，如果是在另一部名著《西游记》中，说到行者，你会想到谁？

生：孙行者，就是孙悟空。

生：也就是斗战胜佛，俗称猴哥。

生：也叫美猴王、齐天大圣。

师：今天，就让我们一起走近美猴王，来学习《猴王出世》一课。注意，课题的序号右上角有一个星号，这是说——

生：这篇课文是略读课文。

【由学生喜欢的"猜歇后语"游戏导入，在愉悦的学习氛围中回顾了中国名著中的典型人物及典型事件，既让学生对其他名著进行了复习，又激发了学生阅读名著的兴趣。】

任务二：运用方法自读，感受名著魅力

活动一：着眼单元整体，梳理名著阅读方法

师：略读课文跟精读课文的学习方法可不同，在本课中有一处内容特别

重要，一定要关注，你觉得是什么？

生：阅读提示。

师：谁来读一读这段话？

生：默读课文，遇到不明白的语句，可以猜猜大致意思，然后继续往下读。读后用自己的话说一说石猴是怎么出世的，又是怎么成为猴王的。

师：这段话共有两句，其实就是要我们做两件事，是哪两件事呢？

生：遇到不明白的语句，可以猜猜大致意思。

生：要用自己的话说一说石猴是怎么出世的，又是怎么成为猴王的。

师：同学们，在大家读课文之前，我们先来回顾一下本单元学过的两篇课文，看看有哪些阅读名著的方法可以用到这篇名著的阅读中来。本单元的第一课是——

生：《草船借箭》，出自《三国演义》。

师：本单元学过的第二篇课文是——

生：《景阳冈》，出自《水浒传》。

师：这个单元的课文全都出自名著，读名著是有方法的，在本单元前两课的学习中，我们学到了哪些读名著的方法？

生：读名著的时候，遇到不懂的词语，可以猜一猜意思，然后继续往下读。

生：不用反复琢磨难理解的地方，知道大概的意思就可以了。

师：我听出来了，就是囫囵吞枣，不懂就猜。我们还可以看一看相关的电影、动画片，这些都可以帮助我们读好名著。下面，我们就可以运用学过的方法，自己来读这篇名著，遇到难读的句子，可以勾画出来，多读几遍。

（学生自由读课文，教师巡视指导）

【上课伊始，王老师引导学生梳理之前学过的阅读名著的方法，然后让学生运用学过的方法自主阅读课文，既让学生明白了本课的学习目的——借助精读课文的学习方法来学习该篇课文，又精准地落实了本单元的语文要素——初步学习阅读古典名著的方法，充分体现了编者的编写意图——精读课文学方法，略读课文用方法。】

活动二：想象情景朗读，感受人物鲜明形象

师：刚刚同学们读了课文，勾画出了难读的地方，我们来交流交流。下面这两句话，谁来试着读一读？

| 课件出示 |

　　海外有一国土，名曰傲来国。国近大海，海中有一座名山，唤为花果山。

（指名多人读句子）

师：同学们，读了这两句话，你有什么感受？

生：这两句话有点像诗，但又不是诗，应该是白话文。

师：大家读读课文下面的注释。

生：本文选自明代吴承恩的《西游记》第一回，选作课文时有删节，题目为编者所加。

师：这篇课文选自《西游记》第一回，读起来有一点古文的味道，语言非常简洁。比如这句"国近大海"，你能猜出是什么意思吗？

生：这个国家离大海很近。

师：大家再看这句话——名曰傲来国，这段话最后是——

生：唤为花果山。

师：什么感觉？

生：像对联一样，是对仗的。

师：我们再来读读这两句话，感受一下古代名著独有的表达风格。

（学生齐读这两句话）

师：非常好，大家读得很流畅。读完这两句话，你有没有获得哪些跟猴王出世相关的信息？

生：我发现了猴王出世的地点是傲来国的花果山。

师：特别棒，阅读名著时我们要善于提取相关的信息。我们再来读一段话——

| 课件出示 |

　　盖自开辟以来，每受天真地秀，日精月华，感之既久，遂有灵通之意。内育仙胞，一日迸裂，产一石卵，似圆球样大。因见风，化作一个石猴。

（指名多人读句子）

【学生读此类文章是有难度的，王老师能充分了解学情——此时学生有不懂的内容，教师的教还是很有必要的。从开课一直到该活动的设计，王老师就紧扣"方法"，一步一步引导并提示学生学习此篇经典名著有方法。】

　　师：读得很流畅，值得表扬。这段话很难理解，你可能没读懂意思，不过没关系，你只需要抓住这段话中的一个字，就了解大概的意思了。是哪个字呢？

　　生："仙"字。

　　生：就是很有仙气，很有灵气，感觉很不一样。

　　师：石猴出世离不开什么？

　　生：风。

　　师：大家看，抓住一个关键字，这段话的大意就了解了。读这段话，我们又获取了很重要的信息：石猴出世离不开风。我们继续读下面这段话——

| 课件出示 |

　　众猴都道："这股水不知是那里的水。我们今日赶闲无事，顺涧边往上溜头寻看源流，耍子去耶！"喊一声，都拖男挈女，唤弟呼兄，一齐跑来，顺涧爬山，直至源流之处，乃是一股瀑布飞泉。

（指名多人读这段话，指导学生读准生字"挈"的字音）

　　师：读这段话的时候有同学提出了质疑，来，你说说看——

　　生：应该是"这股水不知是哪里的水"，而不是"这股水不知是那里的水"，"那"写错了！

　　师：是啊，用我们现在的标准看，这个字确实写错了，大家怎么看？

生：我觉得不能算错，刚刚我们在注释中也看到了，这一课选自《西游记》第一回，这是用的原文。

师：是啊，古代白话文跟现代文在表达上是有不同的，所以在这儿不把它当作错误。要读好这段话，我们一定要想象情景，尤其是读众猴说的那句话。大家想想看，猴子给人什么感觉？

生：猴子非常调皮、贪玩。

生：猴子很活泼，还有些顽劣。

师：谁再来读读这段话？

（多位学生读，教师重点指导学生读好"这股水不知是那里的水。我们今日赶闲无事，顺涧边往上溜头寻看源流，耍子去耶！"）

师：我们请一位男生到前面来读，看看他能不能完全把自己当作其中一只猴子，读的时候可以带上动作，这样一定会更有意思。谁可以试试？

（一学生读，没有带动作）

师：带上点动作就更好了，想想今天回家没作业的心情，兴奋吗？激动吗？再来读读，注意读好最后那句"耍子去耶"！

（几位学生再读）

师：古代名著好像离我们很远，其实又离我们很近，想象情景，联系生活实际来读，感觉就不同了。我们再来读读下面这段话——

| 课件出示 |

> 石猴端坐上面道："列位呵，'人而无信，不知其可'。你们才说有本事进得来，出得去，不伤身体者，就拜他为王。我如今进来又出去，出去又进来，寻了这一个洞天与列位安眠稳睡，各享成家之福，何不拜我为王？"众猴听说，即拱伏无违。一个个序齿排班，朝上礼拜，都称"千岁大王"。

（一学生读，但读得不够流畅）

师：这是一位非常勇敢的同学，勇气值得肯定，但是读得还不够好。这段话确实太长了，而且还带有好几个生字呢，这样吧，我给大家一点时间，大家再练习练习。

（学生自由练读后，一生读这段话）

师：掌声送给他，非常流畅，不过一定有人会读得更好！读这段话时要有角色感，想想看，现在你已经不再是只普通的猴子了，要有点王者风范，要有气势，否则怎么称王啊！谁再来试试？

（一学生读）

师：非常好，掌声送给他。大家看这位同学，往那儿一站，气势就不一样，还带上了手势，特别有风范，是全班目前最有王者风范的一位了。咱们一起来读一读吧！

（全班齐读这段话）

【读通文章语句是理解此类文章的前提条件。王老师关注到了学生阅读古典名著的方法，引导学生通过想象、加动作、融入角色等方式，将难读的句子读顺读懂。其间很可贵的一点是，面对学生的质疑，王老师并没有直接给予答案，而是让学生通过自主探究，采用查看注释的方法，理解古代白话文跟现代文在表达上的不同。】

师：同学们，这段话中除了有生字，还有一些词确实不好理解，你找到的不好理解的词是哪个？

生：序齿排班。

生：拱伏无违。

师：之前我们学习阅读名著，遇到不理解的词语时是怎么做的？

生：可以跳过去，只要不影响阅读就没问题。

生：还可以猜一猜大概的意思。

师：咱们现在就来猜一猜"拱伏无违"和"序齿排班"是什么意思。

生：我认为"序齿排班"就是他们按照一定的顺序，排得整整齐齐的。

生："拱伏无违"就是说没有人不听这只石猴的，都在称他"千岁大王"。

师：非常好，这两位同学理解得很好，读名著就要这样，我们要大胆去猜测意思。

【古典名著很突出的特点是词语的呈现形式与现代文大不相同，这也是学生阅读此类文章的障碍之一。王老师降低了学生学习古典名著的难度，教给学生学习此类文章的方法：采用猜测的方法理解难懂词语的意思，从而让学生初步感受到《西游记》这部名著语言上的韵律美。】

任务三：运用多种方法，进行故事讲述

活动一：紧扣关键词，梳理情节讲故事

师：刚刚我们做了第一件事，通过猜测了解了不懂的词语的大意，下面我们做第二件事，还记得是什么事吗？

生：说一说石猴是怎么出世的，是怎么成为猴王的。

师：咱们先看第一个小问题：石猴是怎么出世的？聚焦一下，我们得看哪一个自然段？

生：第1自然段。

师：现在我们就来读读这部分内容，从中捕捉有效的信息。

（学生自读课文第1自然段，边读边勾画相关信息）

师：我们来交流交流，关于石猴是怎么出世的这一问题，你获取了哪些重要的信息？

生：石猴出世的地方是花果山，很重要的因素是当时有风。

生：石猴吸取了日月精华，那个石卵是圆球形的。

师：大家抓住主要信息组织一下语言。来，同桌之间先互相练习说一说。

（学生练习后教师指名说）

生：在花果山上有一块仙石，每天都在吸收太阳和月亮的精华。过了很久，里边产生了一个仙胞，一日突然裂开了，产出了一个石卵，大概有圆球那么大。突然刮来一阵仙风，石卵就化作了一个石猴，那石猴刚出世就会行走跳跃，他与各种各样的动物做朋友，夜晚睡在石崖之下，白天在峰洞之间游玩。

师：讲得非常清楚，我们来看第二个问题：他是怎么成为猴王的？这部分内容比较多，不容易讲清楚。我们先来回顾一下前面学过的两篇课文，看看讲清楚故事有哪些好的方法。

162

| 课件出示 |

　　默读课文，按照起因、经过、结果的顺序，说一说故事的主要内容。

——《草船借箭》

　　按照故事的发展顺序，把下面的内容补充完整，再说说故事的主要内容。

　　喝酒→（　　　）→（　　　）→（　　　）

——《景阳冈》

生：我们可以按照起因、经过、结果的顺序来说，得有一定的顺序。

生：还可以抓住几个关键词。

师：现在我们就来默读接下来的内容，梳理起因、经过和结果，也可以找一些关键词，帮助我们把石猴是怎么成为猴王的讲清楚。

（学生默读课文进行勾画）

【此活动中，王老师引导学生围绕如何说清楚主要内容这一目标，再次复现精读课文的两种主要的阅读方法，并让学生意识到学习这篇文章时是可以用上这些方法把主要内容说清楚的。王老师时时刻刻都在提醒学生运用已经学习到的方法进行本篇课文的学习，这种意识的培养很难得。】

师：有没有人找到事情的起因？

生：当时天气非常炎热，猴子们在松树下玩耍，有一个山涧，他们就下去洗澡了。

师：说得很好，能找到关键词吗？

生：天气炎热、洗澡。

师：我们继续交流。

生：群猴发现洞水奔流异常，就顺着洞水往源头走去。他们发现了一个瀑布，闲来无事，就想进去看看。

生：有猴子说，谁有本事钻进去，还能出来，并且不伤身体，就拜他为王。石猴进去了，还能出来，他带着大家在里面安了家。

师：我们梳理出几个关键词吧！

生：寻找源头、发现水帘洞。

生：带群猴安家。

生：众猴拜其为王。

活动二：借助小人书，展开想象讲故事

师：弄清楚了起因、经过和结果，梳理出了关键词，讲清楚故事问题就不大了。不过，为了让大家讲得更好，老师还为大家带来了一本《石猴出世》的小人书，我们来看看。

（课件出示小人书的封面和其中一页，重点出示小人书中的句子和课文中的句子。

小人书中的句子：一日，天气闷热，石猴与众猴在松树下避暑，一个个顽皮无比，互相扯的扯，拉的拉，没一刻安静。

课文中的句子：一朝天气炎热，与群猴避暑，都在松阴之下顽耍。）

师：请同学们对比一下小人书中的句子和课文中的句子，看看有什么发现。

生：我发现小人书上的句子更有画面感，上面说他们互相扯的扯，拉的拉，没一刻安静。

师：发现了吧，讲故事时，我们可以怎么做？

生：不要原封不动，我们可以像这样把想到的画面加进去。

师：非常好，下面我们就按照起因、经过、结果的顺序，抓住关键词，加上自己的想象，练习着讲一讲这个故事，同桌之间互相讲一讲，相互提提改进的意见。

（学生练习讲故事，相互提出改进意见，最后教师组织交流）

生：有一天，天气非常炎热。众猴在树荫之下玩耍，过了一会儿，他们去山涧中洗澡，因为闲来无事，他们就去寻找山涧的源头。寻找到源头，发现是一个瀑布，此时有一个猴子说，谁能从这瀑布进去再出来，不伤身体者，我们就拜他为王。结果石猴跳入瀑布，发现了水帘洞，出来后告诉了众猴这个消息。他带着众猴到水帘洞里面去安家，最后众猴就序齿排班，拜石猴为

"千岁大王"。

师：特别好，掌声送给他。非常流畅，讲得很清楚，值得表扬。谁再来试试？

生：一天天气特别热，众猴就都在松树之下玩。他们发现了一条十分清澈的涧溪，因为没事干，他们就顺着那条涧溪往上探寻，一直走到一个瀑布底下。这时，有猴子说："这样吧，哪只猴子敢上去寻个源头出来，还不把自己给伤了，我们就拜他为王。"石猴听到这消息开心极了，说："我进去。"只见这只石猴纵身一跃，跳到了铁板桥上，他发现了水帘洞。紧接着他又从铁板桥上一跃而出，跳到底下说："大造化，大造化，里面有个好地方。"然后他就带着那群猴子进去了。进去之后，那群猴子看见这里果真是个很不错的地方，就开始争抢那些石床、石锅等各种石器。过了一会儿，他们都累了，这时石猴说："列位，'人而无信，不知其可'。我已经做完了我该做的事，你们是不是该拜我为王？"那些猴子一听，就赶紧按由老到少的顺序排好了队伍，乖乖地称他为"千岁大王"。

师：这位同学讲得特别有说书的感觉，真好，掌声送给他。

师：同学们，时间过得真快，马上就要下课了。这节课同学们运用阅读名著的方法进行了阅读，猜出了难懂的词语的大意，而且还抓住关键词，有顺序地把故事讲清楚了，值得表扬。大家回去之后可以把这个故事讲给自己的父母听。同学们课下还可以读一读"大闹天宫""三打白骨精"等章节。今天这节课就上到这里，下课！

【此活动设计更有意思。王老师拿出《石猴出世》的小人书，将其中的句子和课文中的句子作比较，帮助学生练习如何用自己的语言去讲故事。这样既锻炼了学生的想象能力，又锻炼了学生的表达能力。】

📄 深度评析

本节课，王老师紧扣"方法"，非常用心地教学生如何阅读古典名著，其中很多做法值得学习。

一、充分理解编者意图，定位"方法"训练

本课处于五年级下册第二单元，单元主题是"走近中国古典名著"，回顾之前的内容，这是小学阶段第一次集中地安排古典名著的学习。编者对这一单元的要求不高，提出了"初步学习阅读古典名著的方法"这一要素，一个"初步"就定位了本单元的学习目标——仅仅了解一下，能知道一些简单的学习古典名著的方法即可，不必深挖细凿。王老师就是充分理解到了这一点，在教学中做到了方法先行，以点带面。

《猴王出世》是五年级下册第二单元中第一篇略读课文，本单元之前两篇文章《草船借箭》《景阳冈》都是精读课文，精读课文中学生已经学习了阅读古典名著的基本方法，这篇课文显然是在训练学生"用方法"。

整节课，王老师紧扣本单元"初步学习阅读古典名著的方法"这一语文要素，制定核心目标——品析人物形象，关注语言表达，显然这也是阅读名著的策略。王老师带领学生梳理前面所学的阅读名著的方法，放手让学生结合方法进行自主阅读，做到了学用结合。

二、理解课文性质，落实"三位一体"

统编语文教材"三位一体"编写理念指的是引导学生在精读课文中习得方法，受到情感的熏陶与激发；在略读课文中内化方法，进行阅读与实践；最终能够自主进行课外多篇文章的阅读和整本书的阅读。

这是一篇略读课文，王老师充分理解略读课文的性质，引导学生紧紧围绕阅读提示中"石猴是怎么出世的，又是怎么成为猴王的"这两个小问题展开教学。文中所涉内容较多，王老师大胆取舍文章内容，突出教学重点，注重学生的学习体验，引导学生把目光聚焦到关键的词句上。在王老师的引导下，学生通过品析关键词句，充分感受到石猴活泼顽劣、王者风范的形象。一切润物无声，水到渠成。

三、教学方法灵活多样，关注学生的自主学习

《课程标准》指出："语文课程是一门学习国家通用语言文字运用的综合

性、实践性课程。"王老师依据课程特点，做到了以下几点：

（一）学生读得充分。课堂上王老师给学生充足的时间去读，抓住文中多处体现石猴特点的句子，如"耍子去耶！"引导学生反复读，在读中感悟石猴的形象，感受古典文学的语言美，激发学生对古典文学的兴趣。

（二）学生说得明白。王老师带领学生回顾讲清故事的方法，借助小人书，再结合文中的重点词句，讲述石猴是怎样成为猴王的，学生在讲述的过程中，既理清了文章的写作顺序，又训练了思维能力和语言表达能力。此时，学生既学会了讲清故事的方法，又提升了能力，还感受到了古典文学的魅力，凸显了语文学科工具性与人文性的统一这一特点。

《课程标准》"文学阅读与创意表达"学习任务群中提到，该任务群"旨在引导学生在语文实践活动中，通过整体感知、联想想象，感受文学语言和形象的独特魅力，获得个性化的审美体验；了解文学作品的基本特点，欣赏和评价语言文字作品，提高审美品位"。这节课真正落实了该任务群的学习目标。

课堂是学生自主学习的舞台。这节课中，王老师构建民主、平等的师生对话过程，营造轻松的学习氛围，使学生乐于参与课堂教学的始终，真正教给了学生学习语文的方法，教学效果扎实、有效。这堂课可以说是具有浓浓语文味的略读课文教学的范例。

建　议

这是一篇略读课文，课堂环节环环相扣，也体现出了略读课文的教学策略，确实是一节值得一听再听的好课。但还是建议王老师能再精练问题，追问少一些，让学生的自主性体现得再足一些。

敢想，敢变，故事才够奇妙

——《变形记》教学实录

（统编版小学语文教材六年级上册）

📋 教学过程

任务一：打开思路，变化不同的角色

活动一：借用动画角色，引发想象

师：同学们，在我国的神话故事中有这样一个角色，他护送师父取经，一路上斩妖除魔，让妖怪们闻风丧胆，你们知道是谁吗？

生：孙悟空。

师：他最大的本领是什么？

生：七十二变。

师：都变过什么，你们知道吗？

生：蚊子、苍蝇、蜜蜂。

生：仙丹、房子。

师：你觉得他还会变什么？

生：小鸟、飞蛾、蚂蚁，想变什么就变什么。

师：他会七十二变，假如我们也会变，哪怕不是七十二变，只是三十二变、十八变也行，你想变成什么？

生：鲨鱼。

师：这个厉害，感觉很凶的样子。谁还想变成什么？

生：我想变成一把绝世宝剑，这样就能斩妖除魔了。

生：我想变成一只恐龙，因为恐龙能看到人类看不到的东西。

师：在远古时期，能看到人类看不到的东西，能了解一个全新的世界。

生：我想变成一条鱼，因为我喜欢游泳，变成一条鱼就可以自由自在地游泳了。

师：还可以在深海中游泳。

生：我想变成一个中子，可以看到微观世界。

师：这个厉害了，涉及高深的科学领域。

生：我想变成一朵云。

师：多好啊，自由自在地在天上飘，想怎么飘就怎么飘，而且云本身就会变换形状。

【开课干净利落，直奔本次习作的主题。王老师借助学生熟知的孙悟空这一神话故事人物形象，引导学生交流"你想变成什么"，从而打开了学生的话匣子。很可贵的是，王老师对每位学生的针对性评价，更是营造了平等对话的氛围。】

活动二：借助思维导图，开拓思路

师：同学们，你们刚才说了很多，但是，我觉得你们的思路没有打开，你们"变形"的方向太单一了。给大家一点提示，除了植物、动物、人物，你还可以变成很多东西，比如电子产品、自然景观等。

| 课件出示 |

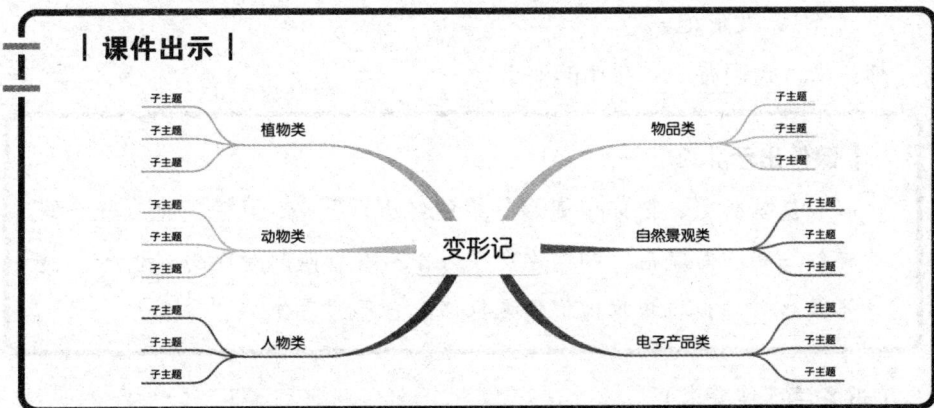

师：现在，你有没有新的想法？

生：我想变成白细胞，在人体里穿梭。

生：我想变成火星探测器，发现人类发现不了的东西。

师：这绝对是高科技，你有科学家的素养。

生：我想变成笔记本电脑，这样随时都能上网搜索，就没有解答不了的问题了。

生：我想变成无人机，想飞到哪里就飞到哪里。

生：我想变成一只猫，这样就能听懂其他猫在说什么了。

生：我想变成瀑布，因为我最喜欢玩水了。

师：非常好，大家的思路打开了，想到的要变成的事物就更多了。

【当学生没能打开习作思路的时候，思维导图的呈现尤为重要，一下子将学生的思维由单一转为多样。王老师引导学生由植物、动物、人物拓展到物品、自然景观与电子产品等多个方面，以此提示学生"变形"的范围是不受限的，选材是自由的。】

任务二：明确任务，设计奇妙的经历

活动一：细读要求，明确任务

师：同学们，我们不仅可以变，还要展开想象，把变化后可能发生的事情写出来，这样你将会拥有一段奇妙的经历。今天，我们要写的习作就是——

生（齐）：变形记。

师：来，我们看一看习作的要求。

| 课件出示 |

发挥想象，把你"变形"后的经历写下来，注意把重点部分写详细一些。写完后，和同学交换习作，看看他们对你的"世界"是不是感兴趣，再根据他们的意见修改自己的习作。

（指名读习作要求）

师：表扬这位同学，声音响亮，读得特别流畅。同学们，这次我们要写

的是变形记，现在，大家知道我们重点要写的是什么了吗？

生：重点要写的是变形后的所见所闻。

师：对，这里有个词——经历，提示我们要写变形后的经历。

活动二：展开想象，写好经历

师：在这儿，我要特别提醒大家，如果没有丰富的想象力，你是很难写好的，所以，我们一定要大胆地去想象。比如，你叫什么名字？

生：我叫李之扬。

师：过一会儿你就不叫李之扬了，为什么呢？

生：因为我变成了另一种事物。

| 课件出示 |

变形后的经历	
我的变形	我的经历
蚂蚁	在笔杆上散步
	在书桌上探险
	结交了几位蚂蚁朋友
	跟着一只小昆虫去探索一个全新的世界
	……

师：我们现场试一试，李之扬，现在你是什么？

生：蚂蚁，很小的一只蚂蚁。

师：这只蚂蚁要在书桌上探险，在书桌上怎么探险呢？可能会遇到什么危险？发挥你的想象力说一说。

生：可能会被同桌发现后用手捏走。

师：你还没有展开想象，你都变成蚂蚁了，哪里来的同桌啊？

生：我可能会掉进水杯里。有人在喝水，我爬呀爬呀，一不小心掉水杯里了。水杯对我来说太深了，水太多了，我只能大喊"救命"，但是没人听到，而且，人类也听不懂我在叫什么。我想，可能我要死了。

师：你的想象挺有意思的，你还会有怎样的经历呢？

生：我可能会被倒下来的书砸中。

师：好像有些恐怖啊！

生：是，因为我变小了，书就显得大了，而且很重，要是砸到我身上，那我就直接成肉饼了。

生：我补充一下，就算砸不到，那也很恐怖的。我在桌上正爬着呢，结果，一本书咚的一声倒下来，那声音都能把我的耳朵震聋了。虽然很幸运，没有砸到我身上，但是书倒下来形成了一阵大风，我直接被吹了起来，掉到了桌底下，这下就摔惨了。

师：好惨的经历啊！还可能会发生什么事？

生：有个同学在玩文具袋，一不留神，文具全都掉下来了，而我正好经过这里。

师：这下有故事了，不，应该是发生事故了，讲给大家听听。

生：掉下来的文具，简直就像泥石流、山体滑坡，太可怕了。我有可能被砸伤，还有可能被埋没了。

生：还有可能，我正走得好好的，结果有人打了个喷嚏，"阿嚏"一声，我不见了。我不知道飞到了哪里，找不到回家的路了。

师：说得非常好。同学们，此刻，你们是谁？

生：蚂蚁。

师：这只蚂蚁还可能会有什么样的经历呢？如果要跟着一只小昆虫去探索一个全新的世界，可能会发生什么事呢？

生：可以去沼泽里探险，结果一不小心掉到了鳄鱼的嘴里。

师：即使不掉到鳄鱼的嘴里，掉到它的身上也很恐怖。鳄鱼身上疙里疙瘩的，对于蚂蚁来说，就像什么？

生：山。

师：可能会发生什么事情？

生：我爬呀爬呀，终于上去了，鳄鱼一动，咚，掉下来了。掉到鳄鱼嘴里很可怕，掉到鳄鱼眼皮里也同样可怕。你想，鳄鱼眼睛一闭，直接把我夹住了，可能拦腰截断了。

活动三：变换视角，写出见闻

师：我们刚刚讲了变成蚂蚁后的历险故事，太有意思了。我们无论变成哪种动物，其实还都是比较好写的，毕竟，动物是可以活动的，会发生好玩的事情。可是，如果变成了电线杆，不能动，这该怎样写变形后的经历呢？

生：可以写它站在那儿的时候，看到坏人，它会放电。

师：这个太奇特了。小偷正在偷东西，被电到了，还不知道发生了什么事。

生：电线杆在那儿立着，听到了小鸟在聊天。

师：像猎人海力布一样听到很多奇特的消息。

生：可以写电线杆看到的形形色色的人，把这些人的故事写出来。

师：非常好，看来，我们无论变成什么，都是有内容可写的，只要我们大胆想象，就能写出一篇不错的文章。现在，请大家想象一下，你最想变成什么？又会有着怎样奇妙的经历呢？想好了就动笔写下来。

（学生动笔写，教师巡视指导）

【只有打开了学生的习作思路，才会有习作的方向。王老师首先明确习作要求，让学生知道"怎么写"，再引导他们关注习作的重点——变形后的经历。习作要求中的"发挥想象"以及"重点部分写详细"如何落实，关键在于教师的引领与点拨。王老师则巧妙创设情境，以学生变形为蚂蚁作为范例进行具体指导，引导学生充分发挥想象，设身处地地想象变形为蚂蚁后的种种奇妙经历。这一教学环节，有效激起了学生的角色意识和参与意识。】

任务三：学习写法，写出变形后的经历

师：我们先进行一个简单的分享，我请一位同学给大家分享一下。咱们看一看他是不是大胆想象了，是不是写出经历了，如果能够有重点，那就更好了。

生：我的题目是"被迫的旅行"。我是塑料袋家族的一员，许多兄弟姐妹一出生就被送到世界各个角落。我一直想走出去见见世面。等了很久，机会终于来了。一个小男孩把送给朋友的礼物装在了我的肚子里。小男孩的朋友

迫不及待地接过礼物，随手就把我扔在地上。

师：想象挺奇特的，自己变成了塑料袋，题目也很吸引人。谁来继续分享？

生：我想变成一朵云，在天空中穿行。咦，我的四肢去哪儿了？

师：注意这句话很有意思，本来我们是有四肢的，结果变成云之后没有了，这位同学想象大胆，语言流畅，继续读。

生：我低头一看，原来我变成云了。风呼呼地吹来，向我说："云朵云朵，我带着你去散步吧。"我还没来得及回应，就被它吹到了大海的上方。我看到大海是那么蓝，真想下去游泳。风又急忙把我吹到了山崖旁——

师：好，稍等。我问问大家，云去了几个地方？

生：两个。

师：那你觉得它可能还会飞到哪儿去？

生：沙漠、城市、雨林。

师：云飞到了很多地方，怎样写才能让人印象深刻呢？

生：我们要有重点地写，重点写两三个地方就可以了，不能写太多了。

师：是啊，选两个到三个，不要太多，但一定要把情节写具体。那么，怎样把重点内容写清楚呢？来，我们跟着动画片学一学，看看动画片是怎么把情节具体表现出来的。

（课件播放动画片《哪吒》片段一，学生欣赏）

师：动画片中有个很有趣的情节，是什么？

生：草变成了烤猪，哪吒觉得味道很好，就咬了一大口，结果他啃的是草。

师：你看他刚开始的表情特别激动，结果啃完一口之后，你能想象他的心情吗？他心里在说什么？

生：这什么呀，真难吃。

生：不是美味的肉吗，怎么吃到嘴里就变成了草？

师：发现了没有，动画片的情节是曲折的，情节曲折就更加吸引人了。有同学把自己写成了一朵云，经历太简单了，如果可以让情节曲折一些，那就更吸引人了。怎样让情节变得曲折呢？我们继续看动画片。

（课件播放动画片《哪吒》片段二，学生欣赏）

师：动画片看完了，你觉得哪个地方特别有意思？

生：太乙真人往下跳撞着脑袋的时候很有意思。他以为水很深，可实际上很浅，结果就栽进去了。

师：还有吗？

生：太乙真人中毒之后肿起来的样子也很有意思。

师：多好玩啊，如果你的文章也写成这样，大家肯定喜欢。

【通过习作指导，学生已经明白本次习作的要求：要从多角度大胆想象，写出变形后的奇妙经历，做到重点突出。王老师在学生分享之前再次提示了这三条评价标准，并针对"重点内容写清楚"这一习作方法做了巧妙的引领。尤其是老师两次播放动画片《哪吒》片段，引导学生明白为了突出重点，可以让情节变曲折，使习作变得有意思，吸引人。教师的主导作用在此活动中体现得特别充分。】

任务四：交流分享，在评议中改进习作

师：大家完成习作的时候，不仅要大胆想象，写出经历，还要抓住重点，把重点内容写详细。下面，我们来修改自己的习作，让自己的习作充满大胆的想象，重点突出，而且充满趣味。开始修改吧。

（学生修改习作，教师巡视指导）

师：现在我们来交流修改后的习作，谁来分享自己修改后的习作？

生：在一个巨大的蜜蜂窝里，有成千上万只蜜蜂。其中那只最小的蜜蜂就是我。今天是妈妈第一次教我采蜜，她让我先从最简单的开始学起。我们飞到一朵苹果花上，妈妈告诉我，要把嘴巴放到花里——

师：稍等，如果小蜜蜂一吸就吸上来，有意思吗？

生：没有。

师：所以要给小蜜蜂设置障碍，不能一下就把花蜜吸上来，这样情节才吸引人，我们看看他怎么写的。

生：妈妈告诉我，要把嘴巴放到花里，然后努力往上吸就可以了。我照着妈妈说的做了。我使出了九牛二虎之力都没有吸上来。咦，这是怎么回事

呢？再看看旁边的妈妈，早已吸了不少花蜜了。

师：妈妈的顺利与自己的不顺利，形成了对比。这样写很好。你继续分享。

生："你把嘴巴再往下放一点就吸上来了。"妈妈在旁边亲切地鼓励我。听到妈妈的鼓励，我再次开始了尝试。这次，我发现吸的时候需要用更大的力气，还挺累的，不过，这次，我终于把花蜜吸上来了。

师：还不错，值得表扬。我们再听听写自己变成一朵云的那位同学，他是怎么修改的。

生：我想变成一朵云。我在天空中穿行，咦，我的四肢去哪儿了？低头一看，原来我变成云了。风呼呼地吹来，对我说："云朵云朵，我带着你去散步吧。"我还没来得及回应，就被它吹到了大海的上方。我看到大海是那么蓝，真想下去游泳。可是，我是一朵云，没有办法去大海里。

师：稍等一下，这次有了"可是"，情节更丰富了，很好，继续读吧。

生：这时，风出了个好主意："不如，你变成乌云，把雨洒落到海里，这样就可以下去游泳了。"

师：这个主意怎么样？

生（齐）：很好。

师：变成乌云下雨，就可以到海里随便游泳了。这位同学的修改让习作发生了比较大的变化，特别值得表扬。是的，好文章就是这样修改出来的。大家有没有更好的主意让它去游泳？除了下雨，还可以下什么？

生：雪或者冰雹。

师：是啊，这样多有意思，不光可以游泳，还可以来个高空跳水，或者顺风飘荡，落下的姿势就更帅了。同学们，我们需要反复修改，才能写出好文章。下课的时间就要到了，下课后，同学们还可以继续完善自己的习作，和同学交流交流，相互修改修改。我相信经过修改，每一位同学的习作都会更加优秀。这节课就上到这里，下课！

【修改是习作教学中很重要的环节。交流环节，王老师首先强调了修改的方向和要求，并与学生共同评议了两位同学的习作。从选择变成云的同学的习作中，我们可以感受到学生修改前后的变化，修改后的习作情节更曲折，

想象更丰富了，这对于其他学生而言无疑起到了榜样作用。此时，教师的适时点拨，再次让学生明白修改对于习作的重要意义。】

📑 深度评析

　　《变形记》是六年级上册第一单元的习作。这一单元有四篇课文《草原》《丁香结》《古诗词三首》《花之歌》。四篇文章题材不同，景色各异，但有一个共同点，就是作者在描述景色时均融入了丰富的想象和联想。本单元的习作内容与课文关联度较强，习作要求为"发挥想象，把你'变形'后的经历写下来，注意把重点部分写详细一些"。这是让学生在阅读本单元课文、感受作者丰富想象的基础上创编故事，进一步培养学生的想象力和创造力，学习在习作时要把重点内容写详细。

　　之前学生对想象类作文并不陌生，已经进行了多次练笔，但本次习作想象的角度是有变化的，要求以别的事物的角度看世界、体验生活，体现"变形"后的生活世界和经历。编者的目的是让教师在教学时，要关注到课文中学到的表达方法，引导学生在阅读中感受作者丰富的想象，激发学生的想象力和创造潜能，再与单元习作相结合，进行创意表达。

　　《课程标准》"文学阅读与创意表达"学习任务群中对第三学段有这样的要求："用口头或者书面的方式表达对自然的观察与体验，抒发自己的情感""……积累多样的情感体验，学习联想与想象，尝试富有创意地表达"。清楚了单元编排特点、本次习作的编者意图和课标要求后，我们再来思考习作课的目的，就会有一个很清晰的教学思路了。一节好的习作课，不应该只是为学生提供一次动笔练习的机会，还要让学生的思维水平在原有基础上有进一步的提升。只有打开了学生的习作思路，才有可能让学生的习作内容由单一走向多样。

　　对于"变形"这一话题，学生还是比较感兴趣的。王老师在这节习作指导课上，通过学生喜闻乐见的神话人物形象打开了学生的习作思路，解决了"写什么"的问题，让学生有米下炊，有话可说，有料可写。

教师先后提供了动物与静物两种习作视角，指向的都是"怎么写"的问题，让学生明白无论变成什么，都是有内容可写的。学生由旁观者成为亲历者，并进行换位思考，从变形后的事物的视角去思考变形后会发生什么。至此，"写什么"和"怎么写"已经被学生清楚地感知，学生的表达期待也已被充分激活。

王老师在教学中还紧扣本次习作难点，让学生在动画片中学习写法，从而学会抓住重点，写好变形后的经历。及至后来的交流分享，充分唤醒了学生的读者意识，让学生明白，习作不仅是自我表达的需要，同时也能够享受分享习作带来的快乐。

整节课，教师教得清楚，学生学得明白，课堂练得扎实。同时也给我们以启示：习作方法是需要教的，关键是要趣味十足，让学生在主动参与中乐于接受、善于表达。只有教师教有方法，学生学有经历，课堂上才会有真成长、真收获。

建　议

习作教学一直是令教师头疼的问题，王老师的这节课给了我们很好的示范作用，重难点部分教师指导很到位，教学环节环环相扣，很是流畅。但还有三点建议仅供参考：

一是，本次是想象作文，学生会出现头脑不够开放，思维不够开阔的问题。如果教师能再放手一些，让学生通过自主学习、合作交流等形式充分发挥想象，由此打开习作思路就更好了。

二是，在任务三中，让学生写出变形后的经历时，教师可以在关注情节的同时，引导学生把自己历尽曲折后的感受写出来，使文章内含的情感更加充分。

三是，整个单元的前后关联性较强，如果能有效地运用上本单元的几篇课文，以课文为例文，让学生进行习作的评价与修改，从而夯实学生的习作水平，是不是会更好呢？

第四辑

思辨性阅读与表达

学习任务群的教学

讲好故事　领悟寓意

——《亡羊补牢》教学实录

（统编版小学语文教材二年级下册）

📋 教学过程

任务一：借助关键词，讲述寓言故事大意

活动一：回顾交流，明确寓言特点

师：同学们，课前大家背诵了好几首古诗，看得出来，课外，大家一定读过不少古诗，其实，我们的课本中也有不少古诗，大家看我们这册书的第一课就是——

生：古诗二首。

师：我们再来读读第一课的题目——

生（齐）：古诗二首。

师："首"这个字，除了诗，还可以用于什么？比如，一首——

生：一首歌曲。我们在音乐课上经常会学唱一首首的歌曲。

师：今天我们要学习的是寓言，能用"首"字来说吗？寓言二首，行吗？

生：不能这么说，读起来怪怪的。

师：确实感觉不太对劲，那怎么说合适呢？

生：寓言二则。

师：很好，寓言二则，这样说顺畅多了。如果是谜语，可以怎么说？

生：一则谜语。

181

师：看来"首"和"则"都是我们常用的量词。诗或者歌，我们就用——

生：首。

师：寓言或者谜语我们就用——

生：则。

师：那如果是我们学习的普通的课文呢？

生：一篇课文。

师：我们再来读一读课题。

生（齐）：寓言二则。

师：说到寓言，很多同学其实挺熟悉的，你有没有立刻想到自己曾经读过的寓言故事？

生：我想到了《龟兔赛跑》。

生：我想到了《狐狸和乌鸦》。

生：我想到了《农夫和蛇》。

师：这些故事都不长，但是读完之后大家的收获却不小。

生：读了《龟兔赛跑》，我知道了不能骄傲，骄傲使人落后。

师：是啊，小故事，却蕴含着大道理，这就是寓言故事。看来，阅读寓言故事，我们得从两方面来学习，哪两方面呢？

生：我们得了解故事的内容，清楚故事讲了什么。

生：还应该弄清楚故事告诉我们的道理。

师：非常好，会讲故事，明白道理，学习寓言故事，这两方面缺一不可。

【《课程标准》中提到，"语言文字积累与梳理"学习任务群"旨在引导学生在语文实践活动中，积累语言材料和语言经验"。王老师由学生平时积累的古诗入手，顺势导入新课，而且将培养学生准确运用量词的能力渗透其中；由"寓言"的话题，唤起学生的旧知，引导学生发现学习寓言的方法，为下面的学习做好了铺垫。】

活动二：学习字词，讲述寓言故事

师：现在请同学们打开课本，读一读第一则寓言《亡羊补牢》，注意读准字音，把句子读通顺，想一想课文讲了一个什么样的故事。

（学生自由读课文，教师巡视指导）

师：同学们读得非常认真，我们来交流交流读书情况，先来看看这几个词语会不会读。

| 课件出示 |

羊圈　窟窿　钻进去　叼走

（指名读词语）

师：王老师表扬一下这几位同学，声音响亮，特别是容易读错的几个字的字音读得很准确。大家一起来读读这个词（指向"窟窿"），注意读好轻声。

生（齐）：窟窿。

师："钻进去"的"钻"是本课要求书写的一个生字，大家观察观察，有没有发现书写时要注意的地方？

生：这个字是左右结构，两边占的空间差不多，不是左窄右宽的那种。

师：非常好，这个字的左边是个金字旁，如果变成米字旁，那就是——

生："粘贴"的"粘"。

师：换成立字旁呢？

生："站立"的"站"。

师：书写金字旁，大家注意三横的左边并不是对齐的，但是右边基本对齐，特别注意第五笔是竖提，提是向右上由重到轻来写的。来，跟着老师写一写这个字。

（教师范写后，学生练习书写，教师巡视指导，强调坐姿）

师：同学们的坐姿很端正，很多同学的书写也非常不错。下面请同桌两个人相互看一看，如果你有好的建议，可以告诉同桌，让他（她）改进一下，写得更漂亮些。

（同桌交流，改进书写）

【该环节中，教师夯实低年级识字、写字、学词的基础，并将三者紧密结合，将生字融入词语中，降低了识字的难度。教师挑选易错字进行针对性的指导，不平均用力，同时注意学生的书写姿势、态度等良好习惯的培养，并给予同桌互评和再次书写的时间，很值得学习。】

师：我们继续读词语，这四个词语，谁来读？

| 课件出示 |

街坊　劝告　后悔　赶紧

（多人读后，全班同学齐读词语）

师：同学们，你们知道"街坊"指的是什么吗？

生：就是邻居。

师：找一个近义词，大家一下子就理解"街坊"的意思了。"赶紧"呢？

生：赶快。

生：赶忙。

师："劝告"呢？

生：劝说。

师：特别好，借助近义词，能够有效帮助我们理解词语的意思。来，我们再读一读这几个词语。

生（齐）：羊圈、窟窿、钻进去、叼走、街坊、劝告、后悔、赶紧。

师：这则寓言讲的是一个怎样的故事呢？谁能借助这八个词语，来讲一讲这个故事呢？

生：从前有一个人，他养了一群羊。一天晚上，羊圈破了一个大窟窿，狼钻进去叼走了一只小羊。第二天，他的街坊劝他赶紧把大窟窿补好，免得晚上狼又从窟窿钻进去把羊叼走。可是那个人不听街坊的劝告，还自言自语地说，羊已经丢了，补窟窿有什么用。结果这天晚上狼又钻进羊圈叼走了一只羊。那个人非常后悔，赶紧修补好了大窟窿，之后羊再也没有丢过。

师：掌声送给他，讲得很清楚。他讲的是一个超详细的版本，谁可以用简洁的语言来讲？

生：从前有个人养了几只羊，一天，羊圈破了个大窟窿，狼钻进去叼走了一只羊。街坊劝他把羊圈修补一下，他不听劝告，结果又丢了一只羊。他很后悔，赶紧把窟窿堵上了，就再没有丢过羊了。

师：语言简洁，内容也比较清楚，非常好。下面请同桌两个人互相讲一讲，既要把内容讲清楚，还要尽可能地做到语言简洁。

（同桌互相讲故事）

【本节课的目标就是要让学生讲好寓言故事。教师用词语巧妙地给学生搭建了讲故事的支架，既让学生清楚了学习任务，又降低"讲"的难度。在学生详细讲故事的基础上，顺学而导，提出用"简洁的语言"再讲，培养学生在"完整"的基础上侧重抓住故事的要点，"跳一跳"摘桃子，讲故事的环节设计有梯度。教师就这样潜移默化地将讲好故事的方法传授给了学生，可谓一举多得。】

任务二：读懂课文内容，领悟寓言寓意

活动一：感受人物心情，读好人物对话

师：同学们，接下来我们仔细读一读这个故事，故事中有两个人，一个是街坊，一个是养羊的人。他们之间是怎样对话的呢？大家自己先练习读一读。

（学生自由练读人物对话）

师：谁来读给大家听听？

（指名朗读）

师：这位同学读得准确、流利，但还不够好，大家注意看，这句话中有一个很重要的字——劝，你们有没有劝过别人，或者别人有没有劝过你？当时的语气是怎样的？

生：劝说别人不能太凶了，语气要柔和一些，慢一些，别人才能听得进去。

师：非常好，你再来读读街坊劝说的这句话。

（学生读）

师：读得不错，谁再来读读，让我们感受一下好心的街坊是怎样劝说的？

（多位同学朗读，教师点评指导）

师：为了让大家读得更好，我们可以加上街坊当时的心情，然后再读。

｜课件出示｜

街坊＿＿＿＿＿＿劝他说："赶紧把羊圈修一修，堵上那个窟窿吧！"

生：街坊着急地劝他说："赶紧把羊圈修一修，堵上那个窟窿吧！"

师：我听出了着急，非常好！谁再来读读？

生：街坊耐心地劝他说："赶紧把羊圈修一修，堵上那个窟窿吧！"

生：街坊语重心长地劝他说："赶紧把羊圈修一修，堵上那个窟窿吧！"

师：读得真好，这个街坊可真善良啊！可是丢羊的人却说——

生：羊已经丢了，还修羊圈干什么？

师：读这句话时，我们也可以想象他当时的心理，加上修饰词来读，这样你会读得更好。

｜课件出示｜

他＿＿＿＿＿＿说："羊已经丢了，还修羊圈干什么？"

生：他不耐烦地说："羊已经丢了，还修羊圈干什么？"

生：他有些嫌弃地说："羊已经丢了，还修羊圈干什么？"

生：他满不在乎地说："羊已经丢了，还修羊圈干什么？"

生：他不屑地说："羊已经丢了，还修羊圈干什么？"

师：大家看看这句话中的"丢"字，它是本课要求书写的生字，该怎么写呢？

生：上面是一个平撇，要短一些，下面是一个"去"。

师：我们拿起笔来写一写这个字吧。

（学生练习书写，教师巡视指导）

师：我们再来读读这两个人的对话。

（指名几位同学分角色朗读人物对话）

师："羊已经丢了，还修羊圈干什么？"这句话是什么意思，大家听懂了吗？

生：意思就是羊已经丢了，修羊圈也没什么用了。

生：意思就是羊已经丢了，现在没有必要修羊圈了。

【该活动的设计很符合学生的年龄特点。王老师紧扣本单元朗读指导的重点"读好对话的语气"，引导学生抓住关键词"劝"，结合生活经验，回顾"劝"别人时的语气，进行分角色朗读。王老师给学生创设了恰当的情境，使得朗读指导轻松有效。王老师还让学生展开想象，运用给句子加修饰词的方法把握人物当时的心情，通过多种形式的读，读出不同语气，更好地理解了人物的思想感情，加深了对人物形象的感受，为寓意的理解做好了铺垫。】

活动二：推测故事发展趋势，领悟寓意

师：养羊的人说现在修羊圈已经没什么用了，是这样吗？大家推测一下，他不修羊圈，接下来会发生什么事情？第二天，他去羊圈一看，一定会出现的情况是——

生：他家的羊又丢了一只。原来狼又从窟窿钻进去，把羊叼走了。

师：如果他听了街坊的劝告，怎么会再丢一只羊呢？我们继续大胆预测，这个人还是不听劝告，第三天早上又会发生什么事情？

生：第三天早上，他去放羊，发现羊又少了一只。原来狼又从窟窿钻进去，把羊叼走了。

师：如果他还是不听劝，第四天、第五天，还会发生什么事情？谁来说一说？

生：第四天早上，他去放羊，发现羊又少了一只。原来狼又从窟窿钻进去，把羊叼走了。

生：第五天早上，他去放羊，发现羊又少了一只。原来狼又从窟窿钻进去，把羊叼走了。

师：这几位同学读得非常好，特别强调了"又"字。同学们，此时，你感受到了什么？

生：不听劝告，他的损失更大了。

生：有错不改，后果越来越严重了。

师：好在这个人醒悟过来了。大家读读下面这段话，说说从哪里可以看出他醒悟过来了。

| 课件出示 |

他很后悔没有听街坊的劝告，心想，现在修还不晚。他赶紧堵上那个窟窿，把羊圈修得结结实实的。从此，他的羊再也没丢过。

生：从"他很后悔"可以看出他终于明白改错的重要性了。

师：是啊，知错就要改，否则到时候非得后悔不可。生活中，你有没有很后悔的时候？当时有没有自言自语地说过什么？

生：我做错事的时候很后悔，自言自语地说："早知道就不这么干，你看现在后悔了吧！"

生：我考试没考好的时候很后悔，自言自语地说："如果平时认真学习，答题的时候不粗心，就不至于这样了。"

生：我跟好朋友吵架后很后悔，自言自语地说："我如果不发脾气，那就不会吵架，现在我们俩肯定还在一起玩呢！"

师：想想看，这个人现在也很后悔，他会怎样想，或者怎样自言自语呢？

生：他很后悔没有听街坊的劝告，自言自语地说："要是我第一天听了街坊的劝告，那我的羊也就不会少了，我可真是活该啊！"

生：他很后悔没有听街坊的劝告，自言自语地说："唉，不应该不听街坊的劝告的，下次可不能这样了！"

【该活动的设计很有趣。王老师让学生根据养羊人的态度，抓住两个"又"字去推测故事的发展，体会养羊人错误思想导致的严重后果，这一设计很是巧妙，既填补了文本空白，让学生体会到养羊人的后悔心理，又将寓言和生活联系起来，帮助学生深刻领会寓意，同时又培养了学生"思辨性阅读与表达"的能力。】

师：光后悔是没有用的，得行动起来，赶快改错啊。你当时有没有改错？

生：我后来每次上课都认真听讲，考试的时候最少检查两遍呢。

生：我跟好朋友吵架后，第二天，我就找她，给她道歉了。

师：非常好。这个人是怎么做的呢？

生：他赶紧堵上那个窟窿，把羊圈修得结结实实的。从此，他的羊再也没丢过。

师：很好，我们一起来读读这段话。

（学生齐读）

师：除了刚才学过的字，这段话中还有本课要求书写的生字，如果编成字谜的话，就是：一口咬掉牛尾巴。猜猜我说的是哪个字。

生：告。

师：对，上面不是"牛"，竖是不出头的，下面是"口"。我们一起来写一写这个字吧。

（教师范写后学生练习书写）

任务三：引发深度思辨，理性表达看法

师：这则寓言我们学完了，养羊的人确实有做得不对的地方，但是仔细想想，他也有值得表扬的地方，你能不能发现他的优点，表扬表扬他？

生：养羊的人，你最后还是认识到自己的错误了，还是值得表扬的。

生：你虽然最后才认识到自己的错误，但还是改过来了，值得表扬。

师：读了这个故事，你一定从中领悟到了一个道理，同桌互相讨论讨论，一会儿我们来交流。

（学生讨论交流）

师：谁来试试看？

生：错了并不可怕，关键是你要改正。

师：真好。

生：听人劝，吃饱饭。

师：六个字，让我们懂得了听人劝的好处。

生：谁都会犯错，但必须知错能改，改过来就可以了。

师：故事读完了，道理大家也明白了，非常好。我们再来读一读课

题——

生：亡羊补牢。

师：结合课文的学习，谁能说说课题中的"牢"是什么意思？

生："牢"就是羊圈。

师："亡"呢？

生：就是丢失、丢了的意思。

师：让我们记住这个寓言故事的名字——

生（齐）：亡羊补牢。

师："亡"和"牢"都是这一课要求书写的生字，来，看看老师是怎样写的。"亡羊补牢"是一个成语，由四个字组成，我们在写的时候要注意四个字的大小要匀称。"亡"字的笔画最少，竖折的竖和折都稍微长一些。写"牢"的时候要看一下前面三个字的大小，这样写出来的四个字才能匀称好看。

（教师板书后，学生练习书写，教师指导评议）

师：同学们，这节课就要结束了，最后，王老师留给大家的作业，一是书写本课学到的生字；二是给家人讲一讲这个故事，与他们分享一下你从中懂得的道理。同时，推荐大家阅读一本书——《中国古代寓言故事》。这里面有很多很有意思的寓言故事，希望同学们能够喜欢。这节课就上到这里，下课！

【王老师引导学生多角度思考问题，将思维引向深入。《亡羊补牢》一文很多教师往往教到理解寓意就结束了，王老师则让学生"表扬表扬养羊人"。一石激起千层浪，孩子的视角永远跟大人不同，潜移默化地培养了学生的思辨能力，充分落实了《课程标准》中提到的"辩证地思考问题"的目标。最后回归到第一学段的学习重点——识字和写字，同时进行推荐阅读《中国古代寓言故事》，也将阅读一篇文章推向了整本书的阅读，可谓环环相扣！】

深度评析

《课程标准》中提到，"义务教育语文课程培养的核心素养，是学生在积极的语文实践活动中积累、建构并在真实的语言运用情境中表现出来的，是文化自信和语言运用、思维能力、审美创造的综合体现"。整节课，王老师紧扣课标理念，明确学段和单元目标，关注低年级学生的认知规律和寓言故事的文体特点，关注编者的编写意图，在引导学生讲好寓言故事，领悟寓言道理方面，真正做到了循循善诱，顺学而导，很多做法值得学习。

一、借助任务合理创设情境，让学生在多种活动中体会学习的快乐

整节课很流畅，王老师设计了三项任务：借助关键词，讲述寓言故事大意；读懂课文内容，领悟寓言寓意；引发深度思辨，理性表达看法。任务中又设计了多个活动，让学生带着思考、带着愉悦的心情在积极主动中完成学习任务。如，在任务二中，设计了两项活动，其中"感受人物心情，读好人物对话"中，王老师先让学生自由读对话，学生读不到位时，适时进行点拨："这句话中有一个很重要的字——劝。"这个字是低年级学生自己发现不了的，通过教师提醒他们马上便理解了，这其实也是教师在课堂上起到的主要作用——主导！学生通过自己的学习能学会的不需要教师教，教师需要教的就是这些孩子通过自主学习看不到的内容。很多教师本末倒置，忽略了学生的认知规律，满堂灌，教师讲得津津有味，学生听得迷迷糊糊。在活动二"推测故事发展趋势，领悟寓意"中，王老师抓住"大家推测一下，他不修羊圈，接下来会发生什么事情？""我们继续大胆预测，这个人还是不听劝告，第三天早上又会发生什么事情？""如果他还是不听劝，第四天、第五天，还会发生什么事情？"等问题引导学生一步步推测，充分发挥了学生的想象力，学生在这种轻松的氛围中结合自己的生活实际真正领悟了寓意，成就感满满。

二、多种方法夯实低段识字、写字、学词的基础

本文是二年级下册的一篇课文，夯实识字、写字、学词的基础，是第一

学段的重要任务。在课堂上，王老师将文中的生字融入词语中，降低了识字的难度，提高了识字的效率。本节课教师带领学生写了"钻、丢、告、亡、牢"几个字，这些字是本课要求会写的字，王老师将其贯穿教学始终，分散识字，运用不同的方法进行指导。"钻"，先让学生观察，然后教师示范，接着让学生练习，教师手把手进行指导；"丢"，发挥学生的主观能动性进行观察和练习；"告"用"猜谜语"的形式强调上面的部分不是"牛"，不要写出头；"亡"和"牢"突破单字指导的局限，提示学生几个字写在一起的时候"大小要匀称"，写最后一个字要看前几个字的大小。几个字的书写，根据不同字的特点设计教学，一步一个阶梯，起到了很好的效果。这节课的识字和写字教学也是很值得教师学习的，多种方法贯穿在整个教学过程中，很好地提高了识字、写字的效率。

三、充分了解学生的年龄特征，抓住文体特点进行教学

首先，目标明确。本篇课文是一则寓言故事。二年级的学生对"寓言"并不陌生，但是对"寓言"的特点却是模糊的。王老师由学生读过的寓言故事谈起，引导学生发现寓言故事"小故事、大道理"的特点，在此基础上，进一步明确学习寓言故事的两个方面"讲故事，明白道理"，这不仅为本课的学习做了铺垫，还为学生以后学习寓言打下基础。整节课王老师也是紧紧围绕寓言学习的两个方面进行教学的，不蔓不枝，干净利落地达成目标。

其次，抓住关键词语，唤起学生生活经验，通过补白、想象等多种途径进行角色对话，加深对人物形象的感知。分角色朗读寓言中对话的部分，体会角色心理、情感，达成对人物形象的感知和寓意的理解，是学习寓言的方法之一。王老师抓住关键词语"劝"，唤起学生已有生活经验，并结合本单元的朗读重点"读好对话的语气"，指导读好"街坊怎么劝"；加上修饰词朗读，体会丢羊人的心理；抓住关键语句，预测故事发展，使学生深刻领会丢羊人错误思想导致的严重后果，从而懂得寓意。仅仅一个读好对话，王老师就教给了学生多种阅读方法，可谓用心良苦。

最后，密切联系学生生活实际，结合本单元的学习重点"根据课文内容，谈谈简单看法"，让学生充分发表对寓意的理解，将寓意由课内拓展到课外，

由书本转向生活，把寓意理解透彻，让学生明白做人做事的道理。

四、巧妙搭建支架，使语文能力梯度发展

对于二年级的学生来说，要把故事完整而又简洁地叙述下来，是有一定难度的。王老师在整节课中为学生搭建了很多支架。比如，用词语搭建了讲故事的支架。先挑选需要认读的词语，然后让学生根据这些词语讲故事，给"讲故事"搭建了支架，降低了难度。在学生能够完整详细地讲故事的基础上，进一步提出用"简洁的语言"来讲，强化了学生提取信息的能力。王老师还用旧知搭建了学习文本的支架。上课伊始，王老师从学生熟悉的寓言故事入手，先是带领学生发现寓言的特点，然后引导学生知晓应该怎样学习寓言，为后面的学习搭建了支架。王老师还通过填补空白、揣摩心理、感知形象和发表看法等方法，搭建了理解寓意的支架。这些支架的搭建，构建了一条梯度发展、螺旋上升的平台，让学生在潜移默化中提升了学习语文的能力。处处落实了《课程标准》"思辨性阅读与表达"任务群中提到的"引导学生在语文实践活动中，通过阅读、比较、推断、质疑、讨论等方式，梳理观点、事实与材料及其关系；辨析态度与立场，辨别是非、善恶、美丑，保持好奇心和求知欲，养成勤学好问的习惯；负责任、有中心、有条理、重证据地表达，培养理性思维和理性精神"等目标。

建　议

如果能将课后的选做题"生活中有类似'亡羊补牢'……的事例吗？和同学交流"融入课堂中就更好了。还有最后给学生推荐的《中国古代寓言故事》，如能出示书中的部分图片，激起学生读书的欲望，是不是会更好呢？

整合教学　比较阅读

——《饮湖上初晴后雨》《望洞庭》教学实录

（统编版小学语文教材三年级上册）

教学过程

任务一：前后关联，迁移学习方法

师：同学们，这节课我们继续学习《古诗三首》的后两首诗，我们先来回顾一下上节课学到的第一首诗，这首诗写到了一座山（出示课文插图），知道是什么山吗？

生：天门山。

师：我们一起背诵一下这首诗。

（学生齐声背诵《望天门山》）

师：从题目看，这首诗是写山的，读完之后，我们发现作者不仅写了山，还写了什么？

生：还写了水，是楚江。

师：我们国家的山河壮美，名山大川非常多，许多诗人在写山的时候都会写到水，你预测一下，在写水的时候还会写到什么？

生：还会写到山。

师：今天我们来学习《古诗三首》的后两首——《饮湖上初晴后雨》《望洞庭》。

（教师板书"饮湖上初晴后雨"，相机指导"饮""初"的书写。学生读

诗题)

师：这首诗写到了湖，知道是什么湖吗？

生：西湖。

师：请你预测一下，作者写湖的时候，可能会写到——

生：山。

师：这首诗的题目中是藏着秘密的，大家读了很多遍题目了，谁发现了？作者是通过什么的变化来写西湖的？

生：天气的变化。开始是晴天，后面是雨天。

师：所以是初晴后雨。天气变化无常，如果先下雨后阴天，先阴天后晴天，先阴天后下雪，这个题目就变成了——

生：初雨后阴。

生：初阴后晴。

生：初阴后雪。

师：今天我们还要学习一首诗《望洞庭》（板书课题），有没有人知道，洞庭是什么？

生：是洞庭湖。

师：预测一下，作者会不会写山？

（学生纷纷点头）

师：再读诗题，有没有觉着这个"望"很熟悉？

生：第一首诗《望天门山》中也有"望"字。

师：联系《望天门山》这首诗，大家想想，从"望"字你知道了什么？

生：我知道了作者是从远处看。

【该环节王老师引导学生联系旧知，唤起学生已有的学习经验理解题目。三首古诗的题目放在一起，通过对比、预测、讨论、交流等方式，引导学生进行思辨性阅读与表达。一是把"望洞庭"和"望天门山"放在一起进行比较，"望"字的意义一望而知。理解"初晴后雨"时，结合天气的变化让学生进行表达，让学生在表达中理解词语。二是运用第四单元学习的阅读方法"预测"，让学生预测诗歌的内容，唤起了阅读期待。】

任务二：学习字词，读通两首古诗

师：下面请同学们自由练习读两首古诗，注意把字音读准，把诗句读通顺，再看看自己的预测对了吗。

（学生自由读，教师巡视指导）

师：两首诗大家都读了，我们来看看这些词语会读了吗？第一组，谁来读？

｜课件出示｜

潋滟　空蒙

淡妆浓抹

两相和　镜未磨　一青螺

生：潋滟、空蒙。

师：读音正确，很好！我们再来读一读。

（多位学生再读这两个词语）

师：大家有没有发现，这组词语中每个词语的两个字的读音有些特别，有什么特点呢？

生：读起来很顺口。

师：是啊，特别顺口，大家关注一下韵母。

生："潋滟"二字的韵母是一样的，"空蒙"二字的韵母也相似。

师：是啊，这叫叠韵，所以读起来很顺口。我们再来读一读，感受感受。

（学生再读体会）

师：我们继续读词语——

生：淡妆浓抹。

师：这个词语中有一组反义词和一个多音字，你发现了吗？

生："淡"和"浓"是反义词，"抹"是多音字。

师："抹"这个多音字很有意思，它的读音大都与妈妈有关。吃完饭，妈妈会干什么？

生：吃完饭，妈妈常用抹布擦桌子。

师：早上，妈妈上班前会在梳妆镜前干什么呢？

生：早上起床，妈妈要化妆，抹口红。

师：我们再来读一读下面的几个词语——

生：两相和、镜未磨、一青螺。

师：这三个词语读起来有什么感觉？

生：很顺口，很押韵。

生：我也发现了，三个词语后面一个字的韵母是相同或者相似的。

师：是啊，所以读起来顺口。这组词语中也有多音字，你发现了吗？

生："镜未磨"的"磨"。

师："镜"是金字旁，写的时候，三横不要太长。再看"磨"，被包围部分的下面是哪个字？

生：石。我知道过去用石磨磨粮食，所以下面是"石"。

师：很好。谁能用"磨"来组词？

生：磨面、磨刀、磨合。

师：大家注意了，"磨"当表示把粮食变成粉末的意思的时候读作四声。"磨面"是指把小麦变成粉末，所以这里的"磨"读四声。现在，我们把两首诗都来读一读，注意一定要把字音读准确。

（学生齐读两首古诗）

【该环节，王老师的设计非常巧妙，不仅帮助学生重点解决了难懂的词语，还将"潋滟、空蒙、两相和、镜未磨、一青螺"等词语分组出示，渗透了古诗词的韵律特点。】

任务三：图文结合，理解古诗大意

活动一：根据诗意，选择图片

师：同学们，我们先来看这两行诗："水光潋滟晴方好，山色空蒙雨亦奇。"你们有什么不懂的地方吗？

生：我不理解的是"潋滟"和"方"。

生：我不明白的是"空蒙"和"亦奇"。

师：学习古诗有一个非常重要的方法，那就是看注释。大家看看注释，或许你就明白了。

（学生看注释）

生："潋滟"就是波光闪动的样子。"方"的意思是正。

生："空蒙"就是迷茫缥缈的样子。"亦"是也的意思。

师：非常好，看来，学古诗一定要看注释。大家是不是真的理解这几个字词的意思了呢？我来用几幅图片，考考大家。

（教师出示几幅图片，学生判断是潋滟还是空蒙）

师：我们再来读一读这两行诗。

（学生齐读）

【"教是为了不教"，王老师不仅让学生理解了诗句的意思，而且非常注意学习方法的指导。王老师所采用的"看图识词"的方法，很符合三年级学生的认知规律，既考查了学生对词语的理解，又发挥了学生的想象力。王老师通过图画使词语"可视化"，加深了学生对词语的理解。】

活动二：欣赏图片，仿写诗句

师：作者在描写水光潋滟的景色的时候用了三个字"晴方好"；在描写山色空蒙的景象的时候说"雨亦奇"。其实，西湖除了晴天、雨天，还有阴天、下雪天，大家看看下面的图片——

（教师出示西湖下雪时的图片）

师：谁能用三个字来说说下雪时的景象？

生：雪景美。

生：雪方好。

生：白茫茫。

师：如果用诗句表达就可以说——

生：雪中西湖白茫茫。

生：鹅毛飘落雪景美。

师：真好！不同的景象就有不同的表达，大家的尝试很值得肯定。我们再来读一读这两行诗。

（学生朗读诗句）

师：其实写西湖，我们除了写晴天、雨天，还可以写阴天、雪天，通过天气的变化，我们就可以让西湖的景色更多姿多彩。如果你要写一处美景，比如学校的小花园，你可以怎样写？

生：写学校的小花园，可以写晴天时的小花园是什么样子，雨天时的小花园是什么样子，还可以写雪后的小花园是什么样子。

师：写小区里面的假山和喷泉，你可以怎样写？

生：也可以写不同天气下它们的样子。

师：是啊，通过天气变化，我们就可以把一处美景写得更清楚。

活动三：诵读诗句，想象画面

师：唐代诗人刘禹锡写洞庭湖，他又是通过什么方法来写的呢？我们读读这两行诗，看看有什么发现。

（学生读诗句：湖光秋月两相和，潭面无风镜未磨）

生：《饮湖上初晴后雨》写的是西湖白天的景象，这两行诗写的是洞庭湖晚上的景象。

师：哪位同学来读一读，让我们感受感受夜晚的静谧？

（指名读）

师：湖光和秋月，它们两个就是绝佳搭配。因为有湖光，所以秋月就变得更美了。这时候我们可以看到几个秋月？

生：两个，一个在天上，一个在湖里。

师：月光洒在湖面上，那波光粼粼的画面真美，咱们再来读读诗句。

（多位学生朗读）

师："潭面无风镜未磨"，"镜"就是镜子，你们见过镜子吗？

生：很熟悉，镜子有各种各样的。

生：女生喜欢照镜子，天天照镜子。

师："镜未磨"是指要把镜子磨一磨。这里的镜子指什么样的镜子呢？

生：古代的镜子，铜镜。

师：古代的镜子和现在的镜子有什么不同？

生：古代的镜子是铜镜，现在的镜子是玻璃的，照出来的效果也是不同的。

师：古代的铜镜照出来的事物不是很清楚（出示图片），我们来看看古代的镜子，这跟夜晚月光照在湖面上的景象很像，我们再来读读这两行诗。

（学生齐读）

师：前面是西湖，这里是洞庭湖，同样是湖，景色却不同。刚才我们说，一般写水，会写到山，这两首诗里有山吗？

生：有。《饮湖上初晴后雨》中是"山色空蒙雨亦奇"，《望洞庭》里面是"遥望洞庭山水翠"。

师：我们来看这三首诗，《望天门山》表面写山，诗中其实也写到了水；《饮湖上初晴后雨》和《望洞庭》表面写水，但也写到了山。因为山水交融，景色才更美。以后我们写景，就可以把山水融合起来写。

【此环节，王老师让学生进行了多次的朗读，以读促悟，以悟促读。此外，他还准确把握学生理解诗句中的难点——"镜未磨"，通过联系生活、出示相关图片的方法突破这一教学中的难点。更可贵的是，王老师还采用了群文阅读的方式，比较两首诗中写"水"的相同和不同，使学生在对比、辨析中加深了对诗句的理解，培养了学生的思辨能力。】

任务四：引发深度思辨，体会比喻妙处

活动一：思辨——为什么只"把西湖比西子"

师：这两位诗人不仅能把山水的美写出来，还很会用修辞手法。谁发现了？请举手。

生："潭面无风镜未磨""白银盘里一青螺"，诗人运用了比喻的修辞手法。

生："欲把西湖比西子，淡妆浓抹总相宜。"这两行诗也运用了比喻。

师：诗中用到了一个词——淡妆浓抹。想想看，什么时候的西湖算是淡妆，什么时候又算是浓抹呢？

生：阴雨天的西湖很朦胧，算是淡妆；晴天阳光照上去，西湖的水更绿了，荷花更红了，就算是浓抹了。

师：作者说淡妆浓抹的是谁呢？有没有人知道西子的？

生：西子就是越国的美女西施，她是古代四大美女之一。

师：有没有同学知道我国古代的四大美女？

生：我知道，四大美女是西施、貂蝉、杨贵妃、王昭君。

师：明明有四大美女，可作者为什么偏偏只说西施呢？

生：因为西施、西湖都姓西。

（学生大笑）

生：西湖和西施都在南方。

师：这样吧，你把其他美女的名字带进诗里试着读一读，感受感受。

（学生尝试练习读）

生：我感觉用"西子"读起来更顺畅，而且和前面的诗句押韵。

师：我们再读诗句体会体会。

（学生再读体会）

活动二：思辨——"白银盘里一青螺"妙在何处

师：如果说"欲把西湖比西子，淡妆浓抹总相宜"的比喻很美，那么，"遥望洞庭山水翠，白银盘里一青螺"中的比喻也很有意思，同学们试着读一读，看看能不能发现。

（学生读诗句，尝试发现）

师：我们来交流交流。你看，刚刚明明还在欣赏洞庭湖的美景，怎么突然就看到了一个白银的盘子，里面还装着一个青螺，到底是怎么回事？谁读明白了？

生：洞庭湖很像一个盘子。

生：因为有月光，所以洞庭湖就像是白银盘，中间的小山就像是青螺。

师：作者就像是一个魔术师，那么大的洞庭湖瞬间就变成了白银盘，君山也变成了一个青螺。这里的比喻可真奇妙啊！我们再来读一读这两行诗。

（学生再读诗句体会）

师：同学们，我们知道白银盘就是湖水，但是洞庭湖水为什么变成银色的了，而不是清的或是绿的？

生：因为月光照在湖面上，第一行诗就写了"湖光秋月两相和"。

师：洞庭湖竟然变成了盘子，君山则变成了青螺，太有意思了。下面我们分组读读两首诗的后两行，一组读《饮湖上初晴后雨》的后两行，一组读《望洞庭》的后两行。我们再来体会体会。

（学生读诗句）

师：读了这么多遍，哪位同学能背出来？

（指名背诵这两首诗）

师：同学们，我们祖国的山河壮美，描绘大好河山的诗词很多，建议大家搜集一些，好好读一读，体会景色的美好。这节课就上到这里，下课！

【在学生理解诗句的基础上，王老师抓住两首诗共同的表达特点——比喻，让学生在朗读和品析中体会作者表达之妙，让学生在欣赏不同景色的美中，达到熟读成诵。】

深度评析

以往的古诗教学我们大部分教师是在一篇一篇地教，在教学古诗的时候大多使用的是"读诗文、知背景、解诗题、明诗意、悟诗情"的五步教学法，但王老师的《饮湖上初晴后雨》《望洞庭》这两首诗的教学，却另辟蹊径，将两首诗进行整合，体现了群文阅读教学、整体教学等理念，教学设计新颖而高效。

一、对比学习，让古诗教学更有趣

王老师将古诗教得生动有趣。首先，在课堂内容的安排上，王老师根据文本编排的特点，将《饮湖上初晴后雨》《望洞庭》放在一起比较学习，起到了事半功倍的效果。其次，教学过程处处呈现对比学习。如，开课伊始，从理解诗题，王老师就将《望天门山》和《望洞庭》题目中的"望"进行比较。接着，让学生在比较中预测古诗的内容，在发现中初步了解山水诗的写作特点，为下面的古诗学习打下基础。最后，王老师又继续引导学生做对比。两首诗都运用了比喻，效果却不一样，一个很"美"，一个很"有意思"，就这样，在比较中加深了学生的理解和体会。《课程标准》"思辨性阅读与表达"学习任务群中提到，该任务群要"通过阅读、比较、推断、质疑、讨论等方式……"这节课，王老师将阅读、比较、推断等学习方式有效融入课堂教学中，让学生在兴趣盎然中积极学习。

二、发挥想象，让古诗内容理解更深刻

王老师抓住写景诗"诗中有画"的特点，让学生在理解的基础上发挥想象，使得作者描绘的画面"可视化"。学生通过想象，将画面和诗句紧密结合，一方面加深了对诗句的理解，另一方面在以后见到类似画面时能够调动积累的诗句。两者相辅相成，提高了学生的语言理解和积累能力。

王老师在引导学生体会比喻的妙处时，设计了"为什么只'把西湖比西子'""'白银盘里一青螺'妙在何处"两个思辨性问题，学生通过对比阅读、换词语朗读、发挥想象等方式，落实了《课程标准》中提到的"注意在诵读过程中体验情感，展开想象，领悟诗文大意"这一学段要求，让学生对古诗内容的理解更深刻。

三、方法指导，让古诗教学更有效

这些古诗之所以能脍炙人口，流传至今，定有它们的精彩之处。很多时候，我们教师一般都将古诗教学的重点放在了读古诗、悟诗情上，而忽略了方法的指导。王老师则非常注重学习方法的渗透。

如，上课伊始，王老师充分了解编者意图，做到了前后关联。先引导学生运用前面第四单元学习的"预测"，根据已有认知来预测诗歌内容，引起他们的阅读期待。尤其是在任务一的环节，用到了三次预测："许多诗人在写山的时候都会写到水，你预测一下，在写水的时候还会写到什么？""请你预测一下，作者写湖的时候，可能会写到——""预测一下，作者会不会写山？"由此将之前学习的"预测"方法进行充分的巩固与再次实践。

在理解诗句意思的时候，大部分教师会让学生回顾之前学习了哪些学习

古诗的方法？学生一般会罗列出"借助注释、借助图片、借助工具书"等方法，而王老师则从诗句入手："'水光潋滟晴方好，山色空蒙雨亦奇。'你们有什么不懂的地方吗？"当学生提出问题之后，教师给予方法的指引："学习古诗有一个非常重要的方法，那就是看注释。"两种教学方法都是可行的，但效果如何要看学生是否真正会运用。大部分教师的教学方法看似体现了学生的自主性，其实未必是有效的，王老师则让学生先自主阅读、体会、发现，然后再发挥主导作用。学生自己发现问题、解决问题的过程，才是真正思考的过程。

在古诗中教仿写也是本节课设计巧妙的地方。大部分教师在教学的时候一般会将一些好词佳句让学生换一换做个比较，体会诗句的用词精妙。王老师则是借助图片，发挥想象，创设了真实的语文情境，设置了"如果你要写一处美景，比如学校的小花园，你可以怎样写？""写小区里面的假山和喷泉，你可以怎样写？"的问题，最后教给学生写作的方法——"通过天气变化，我们就可以把一处美景写得更清楚"。就像《课程标准》中说的："建设开放的语文学习空间，激发学生探究问题、解决问题的兴趣和热情，引导学生在多样的日常生活场景和社会实践活动中学习语言文字运用。"整体凸显了语文学习的实践性。

本节课还为整本书的阅读打下了基础，多篇古诗的共同学习，体现了语文教材"三位一体"的编写理念：在精读课文中让学生习得方法，受到情感的熏陶和激发；在略读课文中内化方法，让学生进行阅读实践；最后拓展为多篇文章的阅读，延伸为整本书的阅读。总之，两首古诗的整合教学给我们带来了很多新的理念和深度的思考。

📄 建　议

整节课虽然给我们带来了不一样的古诗教学，但教学任务设计较多，每项任务受课堂时间的限制而落实得不够扎实。是否可以精简环节，加强古诗的诵读，真正落实《课程标准》中提到的"注意在诵读过程中体验情感"这一要求呢？

读好故事　明白道理

——《鹿角和鹿腿》教学实录

（统编版小学语文教材三年级下册）

📋 教学过程

任务一：认识生字新词，了解故事的大意

活动一：借助字理识字，感知鹿角特点

师：同学们，今天上课之前，王老师先请大家看一张图片，这张图片有些奇特——

（课件出示"鹿"的甲骨文）

师：其实，这是一个字，不过也像是一幅画，大家猜一猜，这是哪个字？

生：鹿。因为我看到上面有两个角。

师：有两个角就是鹿？为什么不是山羊呢？山羊也有两个角啊！

生：因为山羊的角和鹿的角不一样，鹿的角像珊瑚，是分叉的。

师：对，像珊瑚一样的才是鹿的角。再看下半部分，请你说。

生：我感觉底下的像鹿的脚，"脚丫子"的脚。

师：这位同学猜得对不对呢？我们一起来揭晓答案。

（课件出示"鹿"字）

生（齐）：鹿。

师：看老师写这个字，先写"广"，接下来写横折，然后写两个竖，再写短横，最后写"比"。

（教师板书"鹿角"）

师：写好了"鹿角"，接下来我们要写"鹿腿"了。写第二个"鹿"字的时候，要注意什么？

生：我们可以回顾一下前面的"鹿"字，想想刚才是怎么写的，哪儿写得不够好，可以改过来。

师：是啊，如果有哪个笔画写得不够好，我们可以及时改正过来，不断优化，我们的字就会写得越来越好。来，跟老师一起写。

（教师板书"鹿腿"）

师：鹿角在头上，鹿腿在下面，现在王老师要用一个字把它们连接起来——和。来，我们齐读课题。

生：鹿角和鹿腿。

【王老师借助甲骨文"鹿"来导入新课，不仅引起学生学习的兴趣，还激发了学生对汉字的热爱。提笔即是练字时，"鹿"是本课比较难写的字，教师抓住书写课题的契机，两次对"鹿"的书写进行指导，却各有侧重：初写时对易错的笔顺进行详细指导，让学生看得见、记得清；再写时提示写得不好的地方要及时改正，培养学生良好的书写习惯。】

活动二：学习生字新词，讲述故事大意

师：《鹿角和鹿腿》这篇课文写的是什么内容，要告诉我们什么道理呢？现在请大家打开课本，自由读一读课文，边读边思考，同时注意读准字音，读通句子。

（学生自由读课文，教师巡视）

师：课文读完了，我们来看看这些词语大家读得怎么样。

| 课件出示 |

匀称　精美别致

不禁　撒腿就跑

生：匀（jūn）称、精美别致。

师：大家发现了什么问题？

生：这位同学读得不对，不是"匀（jūn）称"，是"匀（yún）称"。

师：谁知道"均"怎么写？

生：给"匀"加一个土字旁。

师：是的，加一个提土旁，就是"平均"的"均"，你记住了吗？那这个词读作——

生：匀（yún）称。

师：课文中说什么特别匀称？看谁读得最细心。

生：鹿的身段特别匀称。

师：什么精美别致呢？

生：鹿角精美别致。

师：细心读课文，我们就能获取更多的信息。下一行词语，请你来读。

生：不禁、撒腿就跑。

师：看到好吃的美食，你不禁会说——

生：这美食真好吃啊！

师：不够激动，看到美食，你不禁会说——

生：啊，这可真好吃啊！

师：嗯，口水都快流出来了。看到美景时，你不禁会说——

生：哇，好美啊！

师：今天，看到王老师要来上课，你不禁会说——

生：哈哈，又可以听王老师讲课喽！

师：再看"撒腿就跑"这个词，你有没有过撒腿就跑的经历？

生：有时我们会玩抓人的游戏，游戏一开始，我撒腿就跑。

生：我很害怕狗，一看到狗撒腿就跑。

师：但是我告诉你一个坏消息，你撒腿就跑，它就会使劲追！你两条腿在跑，它四条腿在追。（众生笑）我们继续读词语。

> **| 课件出示 |**
>
> 美丽　欣赏　差点儿送命
>
> 难看　抱怨　狮口逃生

师：谁来试着读一读第一行词语？

（一学生读）

师：注意听，有个词语他读得很奇怪，大家发现了没有？

生：差（chā）点儿送命。

师：那应该怎么读？

生：差（chà）点儿送命。

师：很好，我们一起读一遍。

（学生齐读第一行词语）

师：好，第二行词语，谁来读？

（教师指名读后学生齐读两行词语）

师：大家有没有发现，这些词语和黑板上的关键词是对应的？写鹿角的词语是——

生（齐）：美丽、欣赏、差点儿送命。

师：写鹿腿的词语是——

生（齐）：难看、抱怨、狮口逃生。

师：同学们，谁可以借助这两行词语，说一说这个故事的大概内容。自己可以先练习练习。

（学生练习讲述）

生：鹿有一对美丽的鹿角，他在喝水的时候，对着水里的倒影欣赏自己的鹿角，这时狮子跑了过来要吃他，逃跑时他的角挂在了树上，让他差点儿送了命。可是那个难看的鹿腿却跑得很快，让他狮口逃生。

师：讲得比较清楚，请坐！

【教师对词语学习环节的安排独具匠心。一方面创设情境，加深学生对词语的理解与运用；另一方面让学生借助词语说说文章主要内容，为后面整体感知文章内容环节搭建了支架。该环节针对"认识生字新词，了解故事的大意"的学习任务精心设计了两项活动，每项活动环环相扣，让学生在轻松愉悦的氛围中学会了积累与运用。】

任务二：聚焦语气词，读出心情的变化

活动一：借助语气词，体会角色心情

师：同学们，刚刚我们读的这组词语中有一个词：欣赏。看老师把这个词写到黑板上，"欣"字的右边是"欠"，注意不要写错了。"赏"字的第一笔是短竖，上面是"尚"字的变形，下面是宝贝的"贝"，跟老师一起写一写这个词。

（教师范写"欣赏"后学生练习书写）

师：这个词同学们写得不错，大小匀称，正确美观。同学们，课文中鹿欣赏的是什么？

生：自己的鹿角。

师：鹿非常欣赏自己的鹿角，但对自己的腿却——

生：满是抱怨。

师：课文中哪两个句子写了鹿的"欣赏"和"抱怨"呢？赶快找找，读一读。

（学生读课文，勾画句子）

生：鹿欣赏自己角的句子是："他不着急离开了，对着池水欣赏自己的美丽：'啊！我的身段多么匀称，我的角多么精美别致，好像两束美丽的珊瑚！'"

生：鹿抱怨鹿腿的句子在第4自然段："鹿忽然看到了自己的腿，不禁撅起了嘴，皱起了眉头：'唉，这四条腿太细了，怎么配得上这两只美丽的角呢！'"

师：老师要表扬这两位同学，找得非常准确，速度也很快！不过，我还要给他们提点意见。你们找句子找得很好，但是读得不够好。能再读一读吗？我相信你们会读得更好的。

（两位学生再读句子）

师：不错，进步很大！刚才你们读的时候有没有发现，要读好这两句话，其中两个语气词很重要，是哪两个语气词？

生:"啊"和"唉"。

师:这两个语气词太特别了,是带表情的。看到"啊"字,你能想到什么样的表情?这个女生,你面向大家,展示一下你刚才的表情。

(该学生做表情,众生大笑)

师:当你"唉"的时候,又会是怎样的表情呢?

(一学生做表情)

师:非常好,就带着我们的体会,自己练习读读这两句话。

(学生自由练习读句子)

师:来,那个男孩,你到前面来读,我相信你可以读得很好,你要赞美、欣赏自己的鹿角,心情很激动,先"啊"一个给大家。

生:啊!

(众学生笑)

师:我读提示语,你来读句子,我相信你肯定比刚才读得好。

(师生合作朗读,全班响起了掌声)

师:再请一位同学,读读下一句,注意这次的语气词是"唉",该怎样"唉"呢?谁来"唉"一个给大家看。

生:唉!

(众学生笑)

师:请两位同学合作读一读,一个人读提示语,一个人读鹿的话。

(两位学生合作读)

师:不错!掌声送给他们。读好这个句子最关键的是读好语气词,下面,同桌两个人合作着读一读。

(同桌合作读)

师:我们来看另一个句子,这个句子中也有一个语气词,谁试着用上刚才的方法来读读这句话?

| 课件出示 |

鹿忽然发现了自己倒映在水中的影子:"咦,这是我吗?"

（学生先读语气词，再读句子）

师：三个句子中的三个语气词不同，读出来的感觉也不同，如果要带上表情，那表情也是不同的。下面请三位同学读这三个句子，谁愿意读？

（指名三位学生分别读三个句子）

师：读得非常好！三个语气词，三种感觉，表情也对，你们三个读得很好！大家把掌声送给他们。

（学生鼓掌）

师：咱们每个人都试着读一读这三句话，注意读出不同的语气来，最好还能带上不同的表情。

（学生练习读，体会不同的语气）

【弱水三千，只取一瓢饮。在朗读指导上，王老师并没有为读而读，而是抓住文章关键语句中的重点词语，引导学生体会鹿心情的变化。该部分的语气词很有特色，王老师独具慧眼，抓住语气词在句子中的独特表达，通过做表情、体会人物内心的方法，采用多种方式朗读，达到体会寓意的目的。】

活动二：运用语气词，进行创意朗读

师：这三句话读了好多遍了，你有没有发现这三句话都用到了一种标点符号？是什么标点符号？

生：双引号。

师：对，双引号，说明这是——

生：这是某个人说的话，课文里是鹿自己说的话。

师：我有一个疑问，一般写人物说话，我们都会写谁谁说或问，可是这里并没有，没有用到"说"字，也没有用到"问"字。作者是怎样写的？

生：作者直接就写了所说的话。

师：这三句话最大的特色是不用"说"而直接来写语言，还用到了语气词来表达情感。同学们，这只鹿正抱怨的时候，突然听到了脚步声，猜猜谁来了。

生（齐）：狮子。

师：狮子可厉害了，此刻，一头狮子正悄悄地向他逼近，紧张不紧张？

害怕不害怕？你用一个语气词表达一下鹿此时的心情。

生：我觉得可以用"哎哟"。

师：还有呢？

生：妈呀！

生：我的天哪！

生：我的妈呀！

（众学生大笑）

师：把这些词语带进句子中读一读。先用语气词，再说他想说的话，谁直接来读一读？

| 课件出示 |

鹿猛一回头，哎呀，一头狮子正悄悄地向自己逼近："_____，_____！"

生：鹿猛一回头，哎呀，一头狮子正悄悄地向自己逼近："哎哟，大狮子来了，快跑呀！"

生：鹿猛一回头，哎呀，一头狮子正悄悄地向自己逼近："救命呀，有一头狮子，快跑啊！"

生：鹿猛一回头，哎呀，一头狮子正悄悄地向自己逼近："我的天哪，一头狮子来了，快跑啊！"

师：发现了吧，语气词特别能表现我们的情感！各位，此时此刻，什么最重要？

生（齐）：逃命。

师：对，逃命。鹿不敢犹豫，撒腿就跑，而且跑得很快。第6自然段中，有一个字说明他跑得很快，狮子根本追不上他。哪一个字？

生："甩"字。"甩"说明他把狮子撇得很远。

【教师根据本篇寓言故事作者独特的表达方式，紧扣对语气词的训练，给学生创设了语言文字运用的情境，不仅让学生学会了表达，加深了对语气词的理解，而且让他们自主发现了寓言的文体特点。】

任务三：在对比中思辨，领悟蕴含的道理

活动一：在表达中引发思考，发现鹿腿的价值

师：想想看，本来离得很近，现在离远了，安全了。带来安全感的是什么？

生（齐）：鹿腿。

师：如果不是这四条腿，鹿不可能把狮子甩在后面的。此刻，如果你就是这只鹿，如果你要赞美自己的腿，会怎么说？大家参考前面鹿赞美自己鹿角的那一段话，拿出笔，试着写一写。

| 课件出示 |

　　他不着急离开了，对着池水欣赏自己的美丽："啊！我的身段多么匀称，我的角多么精美别致，好像两束美丽的珊瑚！"

　　我＿＿＿＿＿＿＿＿＿："啊！＿＿＿＿＿＿多么＿＿＿＿＿＿＿＿＿，＿＿＿＿＿＿多么＿＿＿＿＿＿＿＿＿！"

（学生练写，教师巡视）

师：我们来交流交流吧。

生：我低着头，看着自己的腿："啊！我的腿多么细长啊，跑得多么快啊，都把狮子甩掉了！"

生：我站在树边，看着蔚蓝的天空："啊！这是一双多么神奇的腿啊，我有一双多么好的腿啊！"

生：我累得要死，看着自己有力的腿："啊！我的腿多么有力，它们多么美丽啊！"

生：啊！我腿上的肌肉是多么发达啊，刚才跑得多么快啊！

师：这就是那只鹿，那只曾经对自己的腿总是抱怨的鹿，现在，他觉得腿还是挺好的。

活动二：在对比中进行思辨，领悟故事的寓意

师：就在狮子灰心丧气的时候，就在这只鹿得意的时候，出现意外：鹿

的角被树枝挂住了。终于把狮子甩开了，可现在鹿角又被挂住了，如果你就是这只鹿，你心里会想些什么呢？请大家设身处地地想一想，试着写一写，用上语气词，大家可以参照前面的这段话。

| 课件出示 |

　　他不着急离开了，对着池水欣赏自己的美丽："啊！我的身段多么匀称，我的角多么精美别致，好像两束美丽的珊瑚！"
　　我＿＿＿＿＿＿＿＿："＿＿＿＿＿！＿＿＿＿＿＿＿！"

（学生练写，教师巡视，提醒写字姿势）

生：我很生气，晃动着身子："苍天啊！你太不公平了，我恨你！"

师：写得很好，不过，抱怨是没有用的。

生：我扭动着身子，大声说："天哪！谁来救救我啊，这个鹿角快要了我的命了！"

（众学生笑）

生：我紧张地望着那对角："唉！我为什么爱那对角？它差点儿让我成了狮子的午餐！"

生：我扭动着身子，晃着头："救命啊！妈妈快来救我啊，我快死掉啦！"

生：我颤抖着："救命啊！妈妈，你快来救我啊！我一定要把我的角砍掉！"

师：原来，到了关键时刻，无论是人还是动物，都会想到自己的妈妈。我们继续分享。

生：我晃动着身子："哎呀，这对角好看是好看，但没有用啊，还害得我差点儿没命了！还是我的腿好呀！"

师：同学们，此刻，你们明白了什么？

生：美丽的东西不一定有用；不好看的东西，也许会救你的命。

生：好看的东西不一定帮到自己，不一定有用，不好看的东西或许在关键时刻能帮到你。

师：很多时候，你欣赏的漂亮的东西不一定有用，而那不好看的东西你也别嫌弃，或许它能在关键时刻救你。这节课就上到这里，下课！

【该环节，教师根据课文内容进行前后对比的仿写训练，给学生创设情境，引导学生想象补白，借助"鹿"口说出对"鹿角"和"鹿腿"的再认识，思考寓言的道理，潜移默化中提高了学生的思辨能力。】

深度评析

本节课王老师紧扣学段特点和单元目标进行教学，将《课程标准》的教学理念与统编语文教材中的课文有效地进行了融合，很多做法值得细细品味。

一、落实"这一类"的教学价值，认识"寓言"

这篇课文是三年级下册第二单元的第三篇寓言故事。本单元全是寓言，可以说是一个"寓言"单元，旨在让学生在以前对"寓言"感性认识的基础上，进一步认识和了解寓言，促进学生从具体形象思维向抽象逻辑思维方面发展。

"童话爷爷"严文井曾说："寓言是一个'魔袋'，袋子很小，却能从里面取出很多东西来，甚至能取出比袋子大得多的东西。"寓言的特点就是"短小精悍，情节奇特""小故事，大道理"。学习寓言，就要让学生既了解内容，又懂得道理。王老师结合课后第二题"根据下面的提示，用自己的话讲讲这个故事"，借助词语为学生整体感知课文内容搭建了支架，降低了讲故事的难度，完成了寓言学习的第一个目标。

在熟读课文，体会鹿的心情变化之时，王老师抓住情节反转让学生读懂课文，并创设多种情境，激发学生想象、表达，在体会鹿心情的基础上，感知鹿角和鹿腿的作用和价值，提高学生的思辨能力，并结合生活经验，帮助学生理解寓意，完成了寓言学习的第二个目标。

二、挖掘"这一课"的教学价值，进行语言文字的训练与实践

在完成"寓言"共性的目标之后，王老师独具慧眼，抓住"这一课"在

表达上的独特之处——不用"说"而直接来写语言、用语气词表达情感等来进行语言实践。先是让学生从三个不同的语气词"啊、唉、咦"中体会鹿的心情，进行有感情的朗读，梳理人物的情感变化。然后借助文本内容，创设不同的情境，比如鹿看到狮子渐渐逼近的情境、"腿"给鹿带来安全的情境、鹿在逃命的过程中"角"被树枝挂住的情境等，围绕本文独特的表达，进行语言实践，提高学生的表达能力。学生经过这一课的学习，在语气词的运用上，以及在"不用'说'字来表示'说'"上，已经内化于心，语言文字的运用与实践提升了学生学习语文的能力。

任务三中设计的两个活动"在表达中引发思考，发现鹿腿的价值""在对比中进行思辨，领悟故事的寓意"均是针对课后题进行设计的。究竟是"美丽的鹿角不重要，实用的鹿腿才是重要的"，还是"鹿角和鹿腿都很重要，它们各有各的长处"？王老师引导学生通过阅读、比较、推断、质疑、讨论等方式，对两种观点进行判断并说出理由，让学生最终理解每个事物都各有价值，不能因为它的长处就忘了它的短处，也不要因为它的短处而轻易否定它的长处。这种审辨性思维能力的培养在这里体现得很是巧妙，水到渠成地完成了《课程标准》"思辨性阅读与表达"任务群第一学段中提到的"（让学生）大胆提出生活和学习中遇到的问题，通过阅读、观察、请教、讨论等方式，积极思考、探究，乐于分享自己解决问题的办法，说出一两个理由"这一学习要求。这也是这一课编者将之放在这里的目的所在。

三、根据文本在"这一单元"的位置，有侧重地进行教学

一、二年级教科书中有《乌鸦喝水》《亡羊补牢》等寓言，所以对于寓言，学生并不陌生。这一单元也都是寓言，《鹿角和鹿腿》是这一单元的第三篇课文，尤其是在学习前两篇寓言故事《守株待兔》《陶罐和铁罐》中，学生已经对寓言这一文体有了初步的认识，王老师非常清楚学生的这一认知特点，在这一课中，对于寓言这一文体的特点和学习方法用时不多，没有特别强调。而这一课独特的表达方式却是前两篇课文以及其他课文所没有的，是独属于"这一课"的个性表达特点，王老师在这一方面引导学生发现、体会的时间比较长，有侧重地进行教学，效果较好。

　　其实，这也是我们很多教师在课堂上容易忽略的。对于学生的已有认知未能做到了然于心，导致我们做了很多无用功、重复功，教师教得累，学生学得无趣。在这里，我们还需要充分了解教材编者的意图。教材编者将语文要素分成若干个知识或能力训练点，由浅入深、由易及难地分布在各个年级的各个单元里，语文能力的训练点是呈螺旋上升式的，我们只有清楚在教学该课之前学生已经有了哪些能力，才能有的放矢地进行有效教学。

　　这节课，王老师教学重难点很是明显。如，通过多种形式的朗读，让学生进行语言实践，将表达的特点和体会人物形象、领会寓言的道理结合起来，融道理于内容之中。整节课教学结构安排得当，详略分明，干净利落，水到渠成。

建　议

　　教学过程是一个由整体到局部再到整体的过程，学生在对整篇课文的朗读上还应加强。另外，最后对于鹿角和鹿腿的认识，可以让学生结合课后第三题，讨论得再充分一些，也许会出现更多的我们预测不到的观点。

第五辑

整本书阅读学习

任务群的教学

童话世界　妙不可言

——《在那奇妙的王国里》导读课教学实录

（统编版小学语文教材三年级上册）

📋 教学过程

任务一：回顾童话故事，感受内容的奇妙

活动一：看图猜故事，设身处地去感受

师：同学们，今天上课前我们先来玩一个游戏：看图片，猜童话故事。来，我们先看第一幅图片，这是哪个童话故事呢？

生：《小蝌蚪找妈妈》。

师：很好，图上的小蝌蚪遇到了谁呀？

生：小蝌蚪遇到了乌龟，乌龟不是他们的妈妈。

师：想找妈妈的蝌蚪没有找到妈妈，大家设身处地地想一想，他们的心情怎么样？

生：很失望，还有些悲伤。

师：小蝌蚪最后找到妈妈了吗？

生：找到了。

师：设身处地地想一想，当他们找到妈妈的时候，会是什么心情？

生：他们找到妈妈了以后，会特别开心。

师：嗯，那可能会说什么？

生：妈妈，妈妈，我终于找到你了。

师：这位同学发言很积极，我再请一位同学说说。

生：他们找到妈妈之后会很高兴。

师：可能会说什么？

生：妈妈，我们找你找了好久，现在终于找到你了。

师：很好。我们继续，看看这幅图片，你想到了哪个童话故事？

生：《小壁虎借尾巴》。

师：小壁虎可真可怜，他的尾巴断了，设身处地地想一想，尾巴断了的那一刻，他什么心情？

生：悲伤，难过。

师：于是，小壁虎去借尾巴了。还记不记得他都找谁借尾巴了？

生：他找了小鱼、老牛，还有燕子，但都没有借到。

师：设身处地地想一想，尾巴断了，想借尾巴，结果没有借到，小壁虎会是什么心情？

生：他很失望。

生：他伤心、难过。

师：不过最后他有尾巴了吗？

生：有了，他的尾巴自己长出来了。

生：壁虎的尾巴可以再生。

师：读了这个童话故事，我们不仅了解到了故事的情节，还懂得了一个知识：壁虎的尾巴可以再生。

【从耳熟能详的两个经典儿童文学作品中的形象导入，引导学生回顾童话故事的主要内容，唤醒、点燃学生阅读童话的兴趣，从整体上把握本次"快乐读书吧"的教学目标。】

活动二：联系生活，发现故事的奇妙

师：我们再来看一幅图片，这是哪个童话故事呢？

生：《卖火柴的小女孩》。

师：大家还记得这个童话故事中，小女孩擦燃火柴，都看到了什么吗？

生：她看到了火炉，还看到了烤鹅、圣诞树，以及她的奶奶。

师：童话故事的想象可真丰富啊！大家快速读一读下面这段话，感受感受童话故事丰富的想象。

> **｜课件出示｜**
>
> 　　她又擦了一根。火柴燃起来了，发出亮光来了。亮光落在墙上，那儿忽然变得像薄纱那么透明，她可以一直看到屋里。桌上铺着雪白的台布，摆着精致的盘子和碗，肚子里填满了苹果和梅子的烤鹅正冒着香气。更妙的是这只鹅从盘子里跳下来，背上插着刀和叉，摇摇摆摆地在地板上走着，一直向这个穷苦的小女孩走来。这时候，火柴灭了，她面前只有一堵又厚又冷的墙。

（学生自由读）

师：除了想象很丰富，刚刚你读这段话的时候，还有其他发现吗？

生：我觉得很特别，在我们的生活中不可能出现的情景，在这段话中出现了，大家看："更妙的是这只鹅从盘子里跳下来，背上插着刀和叉，摇摇摆摆地在地板上走着，一直向这个穷苦的小女孩走来。"烤鹅不可能走路，何况背上还插着刀和叉。

师：是啊，烤鹅、烤鸭、烧鸡，我们都吃过，烤熟的怎么可能跳下来走路呢？童话故事就是这样神奇，有着丰富、奇妙的想象。这段话中还有什么奇妙之处吗？

生：这段话中说："亮光落在墙上，那儿忽然变得像薄纱那么透明，她可以一直看到屋里。"墙怎么可能突然变得透明，而且像薄纱一样透明，可以看到屋里呢？

师：是啊，我们教室也有墙，透过墙，你能看到外面吗？

生：不能。

师：这就是童话故事，有着丰富、奇妙的想象，在童话世界里，一切都可能发生，一切都妙不可言。

【引导学生发挥想象力，把自己想象成童话中的主人公，并结合自己的生活体验进行比较，进而体会到童话这一文学体裁的主要特征：具有丰富、奇

妙的想象。】

任务二：阅读《安徒生童话》，掌握阅读方法

活动一：运用学过的阅读方法，初读童话故事

师：同学们，今天就让我们走进童话故事的王国里，去感受它的奇妙。刚刚说到的童话故事《卖火柴的小女孩》，大家知道是出自哪本书吗？

生：《安徒生童话》。

师：这本书有没有人看过？知道作者是谁吗？

生：我看过《安徒生童话》，这本书是丹麦童话作家安徒生写的。

师：非常好，你不仅告诉了大家这本书的作者是安徒生，还告诉大家，安徒生是丹麦的童话作家，谢谢你！对于安徒生，大家还有哪些了解呢？

生：《丑小鸭》《拇指姑娘》《皇帝的新装》都是他写的，小朋友们都很喜欢他的作品。

师：说得非常好！我们来看一段资料，了解一下安徒生吧。

┃ 课件出示 ┃

安徒生，19 世纪丹麦著名的童话作家，世界文学童话的代表人物之一，被誉为"世界儿童文学的太阳"。安徒生曾得到皇家的致敬，并被高度赞扬：给全欧洲的一代孩子带来了欢乐。他的作品《安徒生童话》已经被译为 150 多种语言，在全球各地出版和发行。

师：你对安徒生有了哪些新的了解呢？说说看。

生：安徒生是著名的童话作家，被誉为"世界儿童文学的太阳"。

生：安徒生给全世界的孩子带来了欢乐，他的作品《安徒生童话》被翻译成了 150 多种语言，在全球各地出版和发行。

师：今天我们就来看看这个版本的《安徒生童话》。

（课件出示《安徒生童话》封面）

师：会读书的同学是能够从封面中获取很多重要的信息的，看到封面之后，你知道了什么？

生：这本书适合我们三年级同学阅读，这本书的作者是曹文轩和陈先云。

师：是吗？那后边两个字是什么？

生（齐）：主编。

生：曹文轩和陈先云不是作者，这两个人是主编，作者是安徒生。

师：你从哪里看到的？

生：封面的左下角写着呢。

师：从封面上你还知道了什么？

生：这本书是由人民教育出版社出版的。

师：读一本书，我们一般会先看目录，来，我们看看目录，看看哪些童话故事是你读过的。

｜ 课件出示 ｜

丑小鸭

拇指姑娘

坚定的锡兵

野天鹅

祖母

雏菊

小意达的花儿

老头子做的事总是对的

蜗牛和玫瑰树

亚麻

枞树

生：我读过《丑小鸭》《小意达的花儿》。

生：我读过《坚定的锡兵》《拇指姑娘》。

【引出阅读书目一——《安徒生童话》。引导学生先了解作者和书籍，看看封面和目录，看看这本书里有哪些自己读过的故事，千方百计地激发学生的阅读兴趣，慢慢建立起学生读整本书的信心。】

活动二：进入角色细读童话片段，感受内容的奇妙

师：现在就让我们一起来读一读《拇指姑娘》的片段，请同学们打开课本，来读一读课本中的这个片段。

（学生自主阅读）

师：读了这个片段，大家一定了解故事的主要内容了，拇指姑娘在干什么呢？

生：拇指姑娘要和燕子一起飞往一个很温暖的地方。

师：读童话故事，我们首先要了解主要内容。同时，在阅读的时候一定要边读边想象，因为童话故事有着丰富的想象。现在，你就是拇指姑娘，坐在燕子背上，你会怎样坐呢？

生：我会把脚搁在燕子的双翼上。

生：我会摆一个很酷的造型。

生：我会张开双臂，感觉像在飞一样。

师：越飞越高，高空有些冷，啊，好冷啊！拇指姑娘，你会怎么做呢？

生：我会把身子缩起来，把手藏到燕子的羽毛下面，这样就暖和了。

生：我会把整个身子都藏在燕子的羽毛下面，这样就更暖和了。不过，我会把头露出来，这样还能欣赏下面美丽的景致。冬天特别冷的时候，我经常会钻到被窝里，只露出脑袋来。

师：大家发现了吧，丰富的想象，依然跟生活有着密切的关系。同学们，童话故事不仅想象丰富，有时候还很奇特呢，生活中不会出现的景象，在童话故事中很可能就出现了，在这个片段中，你有发现吗？

生：故事中拇指姑娘骑的是燕子。我可没骑过燕子。

师：生活中，你骑过什么呢？

生：我骑过马。

生：我骑过骆驼。

生：我骑过驴。

师：是啊，我也骑过马和骆驼，但真没骑过燕子，燕子太小了，怎么骑啊！不过，在童话故事中是可以的，童话故事就是这样奇妙。下面，我们继

续来读一读《拇指姑娘》的一个片段，请你一边读一边想象，把故事中你觉得最奇妙的情节找出来。

| 课件出示 |

　　不久之后，一朵漂亮的大红花就长出来了。它看上去很像一朵郁金香，不过它的花瓣紧紧地抱在一起，好像仍然是一个花苞一样。

　　"这是一朵很漂亮的花。"女人说，然后在那美丽的、黄中带红的花瓣上亲了一下。可是，当她正在亲的时候，花儿突然噼啪一声，开放了。人们这时能看出，那是一朵真正的郁金香。可是在这朵花的正中间，在那根绿色的雌蕊上，坐着一位娇小的姑娘，她看上去又白嫩又可爱。她都没有大拇指的一半长，所以人们就把她叫作拇指姑娘。

（学生默读故事片段）

师：故事读完了，大家一定觉得很奇妙，有的同学读着读着就笑了，说说看，你认为最奇妙的是哪里？

生：我觉得没有人能从花里生出来，但是拇指姑娘就从花里生出来了。

师：注意看，拇指姑娘是从哪儿生出来的？

生：她是从花里生出来的，花那么小，她该有多小啊，太奇妙了！

生：拇指姑娘坐在花蕊上，她很可爱，还没有大拇指的一半长。我们可不能坐到花上，否则花就被压坏了，枝折花落。

生：拇指姑娘太小了，还没有大拇指的一半长，在她面前，我们就像是个巨人。

师：拇指姑娘实在太小了，太神奇了，生活中没有，但是在童话的王国里有。来，我们读一读这个词——

生：奇妙。

师：是的，这就是童话故事。刚刚我们读了《拇指姑娘》的两个片段，大家都感受到了童话故事的奇妙。《安徒生童话》这本书中像这样想象丰富、奇特的故事还有很多,想要感受这种独特的魅力,那就去读这本书吧!

【选取学生感兴趣的《拇指姑娘》片段,引导学生结合自己的生活体验想象拇指姑娘的活动。学生很快进入文本,带着高昂的兴趣去解构文本,在阅读中"遇见自己"。这也让学生充分领略到童话世界的美妙,激发起学生的阅读兴趣。】

任务三:阅读《格林童话》,巩固阅读方法

活动一:比较两本童话故事,发现异同

师:接下来我们继续玩游戏。看到下面的这张图片,你想到了哪个故事?

生:《青蛙王子》。

师:好,再看这个呢?

生:《灰姑娘》。

师:这个呢?

生:《白雪公主》。

师:看图片,大家能猜到很多童话故事的名字。如果不看图片,而是听歌曲,你还能猜到吗?来,我们听一下,会唱的同学可以跟着一起唱。

(播放歌曲《小红帽》,学生跟唱)

生:这是《小红帽》的歌曲,这个故事我读了好几遍呢。

师:同学们,这个童话故事有的同学读过五遍,甚至还有读过十遍的,王老师想告诉大家的是,越是经典的故事越要常读,因为常读常新,每一次读完你的感受都会不同。现在请同学们拿出手边的《小红帽》,自己来读一读。

(学生自读童话故事《小红帽》)

师:同学们的学习习惯特别好,刚才我看到很多同学都读得非常认真。这个故事很经典,也很有意思,如果有同学也想读这个故事,你应该推荐他读哪本书?

生:《格林童话》。

师:《安徒生童话》是丹麦的安徒生写的,《格林童话》这本书的作者又

是谁呢？赶快看看封面吧！

（课件出示《格林童话》封面）

生：这本书是德国的格林兄弟写的。

生：这本书也是人民教育出版社出版的，也是曹文轩、陈先云主编的。

【再次以游戏的方式引出经典作品《小红帽》，让学生细细品味，使每一次阅读都有新的收获。再自然而然地引出阅读书目二——《格林童话》，做到了无痕迹的衔接。】

活动二：细读《小红帽》，感受童话的魅力

师：读童话故事首先得了解内容，刚刚大家再次读了《小红帽》这个故事，情节就更加熟悉了，还记得吧，小红帽是在哪儿遇到的大灰狼？大灰狼干了一件什么坏事？

生：大灰狼骗小红帽，让她去采花，然后自己去了小红帽的奶奶家，把奶奶吞了。

生：我补充一下，大灰狼把小红帽也吞了，不过猎人发现了，把小红帽和奶奶都救了。

师：看来，大家对这个故事确实很熟悉。同学们，读童话故事，我们不仅要想象，还要学会设身处地地去想。现在，你就是小红帽，采完花来到奶奶家，看到床上的奶奶今天有点特别，你发现了什么？会怎么问奶奶呢？

生：我看到奶奶的耳朵很大，我会问："奶奶，你的耳朵怎么变得这么大？"

师：还有吗？

生：奶奶，你的嘴巴今天怎么很奇怪，变得很大呢？

生：奶奶，你今天怎么这么黑啊？

生：奶奶，你打呼噜的声音怎么这么大啊？

师：非常好！读童话故事，我们要设身处地地去感受，大家想想看，小红帽有了这样的经历后，回到家，她见到了自己的妈妈，会跟妈妈怎么说呢？现在，找一位同学来当小红帽，再找一位同学当小红帽的妈妈。

（指名两位学生上台进行表演）

生（小红帽）：妈妈，我回来了。

师：很快就进入了角色，特别好。

生（妈妈）：回来就好。

师：也进入角色了，特别好。我们听听她们会说些什么。

生（小红帽）：我把蛋糕和葡萄酒送到奶奶家里去了，但是，今天发生了一件危险的事情。

生（妈妈）：快说说，发生了什么事？

生（小红帽）：我在树林里碰到了大灰狼，大灰狼骗我去采花，结果他先到了奶奶家，把奶奶吃了，等我去的时候，把我也吃了。

生（妈妈）：那后来呢？谁救了你们？

生（小红帽）：后来是猎人救了我和奶奶，大灰狼死了。

生（妈妈）：还好你和奶奶没事，这下我就放心了。

师：事情的经过讲清楚了，我想问问，经过今天这件事，小红帽你有没有什么收获或者体会？你会跟妈妈怎么说？

生（小红帽）：我以后要听妈妈的话，要走大路，不要随便听信陌生人的话。

师：好，掌声送给她们。同学们，刚才我们说了，童话故事很奇妙，你在读《小红帽》这个故事时，有没有发现哪些在生活中根本不可能发生的情景，但在这个童话故事中发生了？跟大家分享一下。

生：大灰狼是吃人的，但不能直接吞两个人。

生：大灰狼根本就不会穿衣服，不会戴帽子，而且也不会拉窗帘。

生：大灰狼睡觉的时候，猎人剪开他的肚子，他就不疼吗？

生：小红帽都被吃进去了，被猎人救出来时还活着，一点事都没有，太奇特了。

师：这就是童话故事的魅力，有着丰富、奇特的想象。

【扮演故事人物的方式生动活泼，能在锻炼学生口语表达能力的基础上，为学生提供阅读体验的别样展示方式，为深入阅读整本书提供了很好的兴趣驱动和活动契机。】

任务四：制订计划，落实课外阅读

师：同学们，童话故事很多，《安徒生童话》和《格林童话》都是外国的童话故事，我们国家也有非常经典的童话故事。王老师给大家介绍一本书——

（课件出示《稻草人》封面）

师：这本书大家读过吗？

生：我读过这本书里面的《稻草人》，这本书的作者是叶圣陶。

生：这本书也是人民教育出版社出版的。

师：我们来看看这本书的部分目录吧。

（出示书的部分目录）

生：我读过《古代英雄的石像》。

师：看来，大家对这本书还不是很熟悉，那就赶快着手准备读吧。同学们，读书一定要有规划，本学期我们要读的是这三本书——《稻草人》《格林童话》《安徒生童话》。怎样做好阅读计划呢？我们先来看看这三本书的相关信息，看看你有哪些发现。

（课件出示三本书的基本信息）

生：这三本书每一本都是 190 多页。

师：一本书我们就按照 190 页来算，从现在开始到这个学期末，正好有 19 周，请问一周得看多少页才能看完？大家可以用自己学过的数学知识来算一算。

生：10 页。

师：可是本学期我们要读的是一套书——三本，这学期要读完三本，每周需要读多少页呢？

生：30 页。

师：是呀，我们一周要读 30 页，这样就可以把这三本书看完了。同学们，下课的时间就要到了，课后，希望大家进一步完善计划，开始认真阅读。在阅读的过程中，还希望同学们做好记录，有计划地开展阅读，这样大家的阅读效果一定会更好。这节课我们就上到这儿，下课！

【推荐阅读《稻草人》，并指导学生制订阅读计划，规划阅读时间，自主阅读，使整本书阅读导读课上学生的阅读兴趣被完全激发。】

📄 深度评析

苏霍姆林斯基谈到教育和阅读的关系时，曾经说过一句非常经典的话："只有能够激发学生去进行自我教育的教育，才是真正的教育，而自我教育从读一本好书开始。"

整本书阅读是我国语文教育的优秀传统。《课程标准》中提到，"整本书阅读"学习任务群旨在引导学生"根据阅读目的和兴趣选择合适的图书，制订阅读计划，综合运用多种方法阅读整本书；借助多种方式分享阅读心得，交流研讨阅读中的问题，积累整本书阅读经验，养成良好阅读习惯，提高整体认知能力，丰富精神世界"。

三年级上册"快乐读书吧"以"在那奇妙的王国里"为主题，引导学生阅读中外经典童话。童话故事夸张且充满想象力，画面感强，深受孩子们的喜欢。这是在二年级上册"快乐读书吧"读读童话故事和本册童话单元基础上的提升，重点在想象方法上的引导。课本中，本栏目由导语、"你读过吗"、小贴士和"相信你可以读更多"四部分组成。"你读过吗"和"相信你可以读更多"两个板块通过列举经典形象、展示精彩片段、简要介绍故事内容的方式，引导学生阅读《安徒生童话》《格林童话》和《稻草人》。这三本童话书里的故事都是脍炙人口的经典，想象奇特、语言生动，贴近儿童生活，有很强的趣味性。小贴士明确了阅读童话故事的基本方法：一是读童话时，要边读边发挥自己的想象，以感受童话的魅力（这是对童话单元"感受童话丰富的想象"这一要素的巩固）；二是把自己融入故事中，把自己当成故事主人公，感同身受地去阅读。

《课程标准》中"整本书阅读"学习任务群对第二学段的要求是"阅读儿童文学名著，如《稻草人》《爱的教育》等，感受作品传达的真善美，用自己喜欢的方式讲述故事大意"。三年级的学生经历了第一学段四次的"快乐读书吧"活动，对阅读有兴趣，已经有了阅读整本书的经验。因此，第二学段的整本书导读课其最重要的教学目标在于运用适合的导读策略，激发学生的阅读兴趣，教给学生阅读的方法，使学生能够自觉自愿地去寻找这本书来阅读。在扩大阅读面的同时积累语言，提高阅读品味，获得情感的熏陶，受到人生的启迪。

王老师的这节导读课教学设计逐层深入，充分遵循了三年级学生的年龄特点和认知规律。他在充分调动学生阅读兴趣的基础上，运用"边读边想象画面""把自己融入故事"等导读策略引导学生体验角色的心理，领略童话的魅力。让学生通过观察封面、目录，欣赏片段、故事情节等链接学生阅读经验，发展学生的想象力。最后指导学生制订阅读计划，规划阅读时间，自主阅读，使学生的阅读兴趣被完全激发，达到了整本书阅读导读课的预设目标。

建　议

可以适当渗透预测的阅读策略，读了题目而产生对故事的猜想是一种自然产生的阅读心理，学生在阅读中常常会无意识地这样做，教师在这里可以顺学而导，立足学生已有的阅读经验，让学生猜想故事内容，调动参与积极性。指导学生制订完整的阅读计划之前可以带领学生总结一下本节课所学的方法：通过"边读边想象画面""把自己融入故事"等方法体验角色的心理，领略童话的魅力。提醒学生阅读过程中可以借助读书记录卡的形式做记录，也可以借助读书笔记的形式来记录，写写当天所读的内容、读后的感受、产生的联想和疑问，还可以摘抄一些喜欢的语句，遇到问题可及时向同伴、家长或老师请教。另外，每个学生的阅读兴趣和阅读速度不同，要允许学生根据自己的情况确定阅读顺序和阅读时间。

后 记

和王林波老师合作已经十多年了，他善教，我爱评。他的课既朴实又脱俗，让人听了很舒服。我曾做过十多年的小学语文教研员，后来因工作需要又到了学校当校长、书记，但骨子里对教研工作的热爱丝毫未减。到了学校，依旧改不了十多年当教研员的习惯——爱听课。每天除了做好自己的日常工作，最喜欢待的地方就是教室。

我曾带着商丘市小学语文名师工作室团队，参与人民教育出版社组织的统编小学语文《教师用书》部分内容的编写工作，深知一位教师能充分了解编者意图，准确把握教材，认真上好每一节课的重要性。但在深入课堂的过程中，发现老师们并未如想象的那样会备课，会上课。一节课满堂灌，重知识内容的传授而忽视能力培养的情况比比皆是。如何帮助老师上好统编小学语文课，提高课堂教学的效率成了我当校长时面临的首要问题。

无意中，翻看和王老师合作的十多节课例，我发现，王老师的每一节课都重积累、重朗读、重方法、重表达。原来，专家就在身边呀！于是，我给老师们订阅了王老师的《统编教材，这样教更有效》《听王林波老师上统编语文课》等书籍，同时，还借助河南商丘小学语文网络平台播放他的课例，让老师们积极参与到评课、议课的过程中。慢慢地，老师们的课堂发生了变化。执教《小小"动物园"》时，开课伊始，老师就能紧扣要点，从"趣"入手，让学生很轻松地明确学习目标，入课干净利落，趣味十足。交流时，她说：

"这个环节我仿照了王老师的课例"。一老师在执教《松鼠》时，我惊讶地发现她居然能与《太阳》课后第二题的三句话做对比，让学生体会两篇课文语言表达的不同。研讨时，老师不好意思地说："这种方法我是从王老师那里学到的。"的确，王老师的课不仅仅可观性强，最主要的是可以被一线教师直接拿到课堂上用！这才是大家真正需要的课啊！

2022 年 4 月，《义务教育语文课程标准（2022 年版）》出台，很多一线教师向我求助：该如何在新课标与统编教材还不配套的情况下，上出既体现新课标精神，又彰显统编教材特点的语文课？一线教师应该如何在学习任务群与语文要素之间找到平衡点，上出既有新意又扎实有效的语文课？……

一线教师的困难不少，而且都亟待解决，空有理念不行，课堂实操才是关键。王老师课堂实践经验丰富，又勇于探索，新课标怎么落地课堂，他一定有不少尝试。老友之间的默契大抵如此，还没等我联系王老师，他已打来电话，说是想出版一本任务群落地课堂的书，请我做点评。

王老师的探索精神很值得钦佩。半年多的时间里，他上了几十节的公开课，研究的就是任务群的课堂实操问题。为了让点评更有启发性，我阅读了市面上能买到的几乎所有新课标解读方面的书籍，观看了不同专家对新课标进行解读的讲座视频，我希望通过我们的努力，给一线教师带来最直接的帮助。我永远相信：世间万物，最怕"用心"二字。心思用在什么地方，就会收获什么；精力花在哪里，成绩就在哪里。

这本书是"从老师们的需求出发"，突出"一线研修"，没有华丽的语言，只有扎实的课堂，只有朴实的评价。这本书的点评风格多样，内容具体，形式新颖。在点评中，我讲述了自己观课的收获和体会，点明了那些精妙之处背后的设计意图，同时，还注意了对方法和规律的总结和提炼。我想，这样才能带给一线教师更多的帮助。观课，带着思考才会更深入，在点评中，我还讲述了自己的一些思考和建议，我想，这样才能够开阔老师们的思路，引发老师们更多的思考，让课例研究走向深处。总之，我们希望手把手地教会一线教师用新课标理念来教好统编教材，解决一线教师教学的实际困难。

此书能顺利成稿还要感谢河南省商丘市小学语文名师工作室的全体成员，成员们每次研讨课例时各抒己见，提出了中肯的意见和建议，时刻让我们感受到从事这样真实而有意义的工作的幸福与快乐。有的成员甚至会在自己的课堂上仿教，探究其普及性和推广性。正是这种严谨、务实的工作作风，才使得这本书更接地气，更具有实践性、操作性。

此书虽然几易其稿，但我们可以笃定的是，命运不会辜负每一个用力奔跑的人，你越努力，就越有可能靠近你想要的未来。我和王林波老师的这本书定有不少欠缺与不足，也恳请各位专家、同仁批评指正。

李斩棘

2023 年 5 月